-Ky's

BERLINER JUGEND

Horst Bosetzky/Rengha Rodewill

-ky's BERLINER JUGEND

Erinnerungen in Wort und Bild

Bibliografische Informationen der Deutschen Nationalbibliothek
Die Deutsche Nationalbibliothek verzeichnet diese Publikation in der Deutschen Nationalbibliografie; detaillierte bibliografische Daten sind im Internet über http://dnb.d-nb.de abrufbar.

ISBN: 978-3-86408-173-6

Idee und künstlerisches Gesamtkonzept: Rengha Rodewill
Herausgeberin: Agentur Wort + Kunst, Micaela Porcelli

Lektorat/Korrektorat: Tobias Schumacher-Hernández
Grafisches Gesamtkonzept, Titelgestaltung, Satz und Layout: Stephanie Raubach
www.stephanieraubach.de

INHALTSVERZEICHNIS

WARUM DIESES BUCH MIT -KY?

Alles fing damit an, dass ich 2002 ein Benefiz-Frühlingsfest mit Lesung in meinem Atelier und erhabenem Parkgarten in Potsdam-Babelsberg am Griebnitzsee plante. Das Motto des Festes sollte heißen: *Krimis und Maibowle für die Berliner Brunnen* – Maibowle trinken, damit die Brunnen wieder sprudeln.

Da ich schon immer eine glühende Verehrerin von -ky und seinem Werk war, lud ich ihn ein, an einem grünen Maiensonntag um 15 Uhr aus seinen Büchern zu lesen. Auf dem Lesetisch lagen (alte Fotos bezeugen das) *Spreekiller* und *Brennholz für Kartoffelschalen.* Damit begannen auch die legendären *Babelsberger Atelier Lesungen*, die mit der großen deutschen Lyrikerin Eva Strittmatter 2003 fortgesetzt wurden. Da es sich um eine Benefiz-Veranstaltung handelte, konnten die zahlreich erschienenen Gäste Lose kaufen, und wie das so ist, wollten alle auch etwas gewinnen. Mit Freude wurde viel gekauft, 5 Euro ein Los. Die handsignierten Bücher von -ky waren äußerst begehrt und jeder der Gäste erhoffte sich natürlich einen Buchgewinn. Die Lose gingen weg wie warme Semmeln. Wunderschöne, von Berliner Künstlern gestaltete historische Brunnenfliesen aus dem Ernst-Reuter-Brunnen wurden auch verlost. Zum Schluss kam eine ganz beachtliche Summe zusammen. Der Erlös war für die Berliner Brunnen bestimmt, damit die Brunnen wieder schön sprudeln sollten.

Die Verbindung zu -ky riss seitdem nicht mehr ab. Zwar dauerte es fünf weitere Jahre, bis es wieder zu einem gemeinsamen Event kam. Dieses Mal nicht im Atelier mit Garten, sondern im dbb-Club des Deutschen Beamtenbund Berlin-Mitte bei den *Perspektiven.* Es sollte eine Begegnung mit Kunst und Literatur sein. Die Kunst war ich, die Literatur war -ky. Man nannte es: *Rodewill trifft Bosetzky.* Unter meinen Ölbildern, die zahlreich die kahlen Wände des Clubraums schmückten, las -ky aus seinem Buch *Die Bestie vom Schlesischen Bahnhof.* In dem überfüllten Raum konnten die Zuhörer gar nicht genug bekommen von seinen Gruselgeschichten, es war für alle Gänsehaut pur und ein inspirierender Kunstabend mit Wort und Bild.

Eines Tages gewann ich einen Geldpreis, es war 2008, von der Saatchi Gallery London. Ich wollte das Geld spenden und suchte mir ein Kinderhospital aus. Meine Wahl viel auf das »Josephinchen« des St. Joseph-Krankenhauses in Berlin. Eine Scheckübergabe wurde geplant, ein Event wurde konzipiert. Kinder mögen spannende Geschichten und der Richtige für diese Geschichten war wieder einmal -ky. Da wir uns ja schon ganz gut kannten, lud ich ihn wieder ein, an einem sonnigen Nachmittag im Krankenhaus vor 70 Kindern aus *Brennholz für Kartoffelschalen* zu lesen. Die Kinder waren begeistert. Mucksmäuschenstill folgten sie jedem seiner Worte und vergaßen in diesem Moment, warum sie im Krankenhaus sein mussten. Der riesengroße Scheck mit der Geldspende wurde überreicht, Applaus und große Freude kamen auf, alle waren glücklich und zufrieden an diesem besonderen Tag.

Die Zeit vergeht, Dinge bewegen sich, alles ist im Fluss. Vor einigen Monaten stieß ich plötzlich auf Vergangenes, es waren Fotomaterialien, diverse Flyer und wohlwollende Erinnerungen an diese gemeinsamen Veranstaltungen mit -ky.

Die Idee eines gemeinsamen Buchprojekts kam mir in den Sinn ...

Rengha Rodewill, im Mai 2014

WARUM DIESES BUCH?

Bei Lesungen aus meiner zwölfbändigen Familiensaga, angefangen mit *Brennholz für Kartoffelschalen*, aber auch den Kriminalromanen in der Reihe *Es geschah in Berlin*, die 1910 beginnen und im Augenblick im Jahre 1954 angekommen sind, bedanken sich immer wieder ältere Leserinnen und Leser dafür, dass sie sich durch meine Bücher plötzlich wieder an längst vergessene Episoden aus ihrem langen Leben erinnern konnten. Viele E-Mails, Briefe und Anrufe bestätigen das. So werde ich jetzt neben meinen drei Berufen – Industriekaufmann, Soziologie-Professor und Schriftsteller – einen weiteren auf meine Visitenkarte drucken lassen: Erinnerungshelfer.

Um zu unterstreichen, was ich damit meine und bezwecke, schaue ich im Internet unter www.aphorismen.de nach und finde zum Thema Erinnerung auf Anhieb die benötigten »großen Worte«.

Suchet jetzt die Tage so zu färben,
der Moment hält seine Farben treu,
daß, wenn nach und nach die Freuden sterben,
bleibender Genuß im Rückblick sei.
(Johann Gottfried Seume)

Wir sollen nur tiefer und wunderbarer hängen an dem, was war,
und lächeln: ein wenig klarer vielleicht als vor einem Jahr.
(Rainer Maria Rilke)

Am besten bringt es aber wohl ein Spruch aus Japan auf den Punkt: »Gute Erinnerungen tragen unser Leben.«

Um ehrlich zu sein: Die Idee zu diesem Buch hatte nicht ich, sondern sie kam von der Berliner Künstlerin und Fotografin Rengha Rodewill. Denn erst ihre beeindruckenden Fotografien machen dieses Buch zum Kleinod.

Dass es jetzt in den Buchhandlungen zu finden ist, verdanken wir dem Vergangenheitsverlag. Allen gilt mein herzlicher Dank.

Aber nicht nur für die ältere Generation soll dieses Buch gemacht worden sein, meine Hoffnung geht auch dahin, dass es der eine oder andere Jüngere in die Hand bekommt und lesen wird, denn immer wieder habe ich bei meinen Studierenden, Kindern und Enkelkindern einen gewissen Geschichts-Autismus beobachtet, das heißt, sie tun so, als ob es vor ihrer Geburt keine Zeiten und keine Welt gegeben hat.

Horst Bosetzky, im April 2014

1

OSSASTRASSE

Es gibt zwei Möglichkeiten, in die Ossastraße einzubiegen: von der Fulda- oder der Weichselstraße. Im Himmelscomputer wird man gezählt haben, welchen Weg ich öfter gegangen bin, ich selbst kann es nicht entscheiden. Das Foto zeigt die Ossastraße von der Weichselstraße her. Gleich rechts, direkt an der Ecke, lag der Laden von Blumen-Kuschel.

Das Bild der Ossastraße ist mir ebenso vertraut wie fremd. Vertraut wegen der Fassaden und der Bäume, vor allem aber der Fahrbahn wegen. Das ist noch dieselbe alte Asphaltdecke wie damals – nur mit ein paar Rissen und Altersflecken mehr. Auf ihr haben wir Fuß- und Baseball gespielt und sind um eine mit Kreide aufgemalte Bahn gelaufen – als Radrennfahrer, wie wir sie im Neuköllner Stadion gesehen hatten. Fahrräder hatten wir keine.

Und furchtbar fremd erscheint mir alles wegen der rechts und links geparkten Autos. Zu meiner Zeit hatte keiner einen Pkw. Am Tag kamen nur drei Lieferwagen vorbei: Das Brotauto von Wittler und das gelbe Postauto, beide surrend von Akkus angetrieben, und der »Dreikanten« vom Kohlehändler Radtke in der Weichselstraße. Ja, und im Sommer gelegentlich noch der Wagen, mit dem

links: *Ecke Weichsel-/Ossastraße, 1938* **rechts:** *Ecke Weichsel-/Ossastraße, 2014*

Stangeneis in die Wohnungen gebracht wurde. Einen elektrisch betriebenen Kühlschrank hatte noch niemand.

Rechts ist der »Neubaukomplex« zu sehen. Bauhausstil. Da haben die Spielkameraden drin gewohnt, die für mich als Hinterhauskind in der sozialen Schichtung, der berühmten Zwiebel, viel weiter oben angesiedelt waren als ich.

Um die Ecke Weichselstraße bin ich gebogen, wenn ich aus der Schule gekommen bin, vom Fußballspielen am Maybachufer, vom Einkaufen beim Schlächter Rausch, vom Haareschneiden beim Friseur Tietz oder von meiner Kohlenoma in der Manteuffelstraße.

Aus Richtung Fuldastraße wurde die Nummer 39 angesteuert – etwa links hinter der dritten Akazie gelegen –, wenn ich vom Wildenbruchpark gekommen bin, viel öfter aber vom Neuköllner Stadion, vom U-Bahnhof Rathaus Neukölln, von Hertie, der Post, der Einkaufsmeile Karl-Marx-Straße mitsamt dem Aki (Aktualitätenkino) und der Passage, der Straßenbahnhaltestelle 94 und 95 in der Sonnenallee sowie der Martin-Luther-Kirche.

links: *Straßenschilder, Ecke Weichsel-/Ossastraße*
rechts oben: *Ossastraße, Richtung Fuldastraße*
rechts unten: *Straßenbahn, Linie 95, Sonnenallee, 1957*

39
39
Bewag

Wenn ich denn auch nur ein wenig singen könnte, würde ich beim Anblick dieses Fotos ganz spontan loslegen:

»Den Weg durch diese Tür, den bin ich oft gegangen –
mal mit Freude und mal mit Bangen.«

Mit Freude immer am Sonnabend gegen 12 Uhr 30, weil da die Schule aus war und ein Wochenende vor mir lag, an dem ich ungestört spielen konnte – allein mit meiner Modelleisenbahn auf dem Fußboden oder mit meiner Mannschaft vom 1. FC Neukölln auf dem Hertzbergplatz. Mit Bangen, wenn ich wieder einmal etwas ausgefressen hatte und mein Vater oder meine Mutter in die Schule zitiert wurden. Hinterher gab es dann immer ein hochnotpeinliches Verhör mit schönen Strafen – zum Beispiel einer Woche Stubenarrest.

Was ist geblieben, was hat sich verändert? Mein Blick fällt zuerst auf den Gitterrost vor der kleinen Stufe zur Tür, gedacht, um sich den Schmutz von den Schuhsohlen zu streifen und ihn nicht in den Hausflur zu tragen. Der rieselt einen Schacht hinunter, sammelt sich unten im Keller – und muss ab und an einmal entsorgt werden. Dazu gibt es ein Fenster. Als pubertierende Knaben haben wir es geöffnet, unsere Köpfe in den Schacht gesteckt – und auf kommende und gehende jüngere Frauen gewartet. Das ist viel schlimmer als das, was Herrn Brüderle angelastet wird, und ist der wahre Grund dafür, dass ich niemals daran gedacht habe, Politiker zu werden.

Die Tür ist noch dieselbe und könnte von einem Kunsttischler stammen. Insbesondere die Rosette ist ein Schmuckstück. Die alte Hausnummer ist auch noch von damals, und der nach links zeigende Pfeil hat offenbar meine politische Orientierung bestimmt. Ein »Klingelklavier« hatten wir nicht. Jeder, der ins Haus wollte, konnte auf die – nicht mehr vorhandene – Klinke drücken und eintreten. Nur nach 20 Uhr nicht mehr, denn da war die Tür abgeschlossen und nur mit einem Durchsteckschlüssel zu öffnen. Der Beschlag war natürlich nicht aus Aluminium, sondern irgendwie verschnörkelt und aus dickem und schmutzigem Blech.

***links:** Eingangstür, Ossastraße 39*

Kellerladen, Ossastraße 39

Wir sehen einen Eingang, wie er früher bei Mietshäusern in den nicht ganz so bürgerlichen Bezirken häufig anzutreffen war: Er führte hinunter zu einem Kellerladen oder einer Kellerkneipe. Was Letztere betrifft, da gab es vor der missglückten Revolution von 1848 Männer, die sich von der Kellertreppe aus an die anwesenden Zecher wandten, um sie von demokratischen Ideen zu überzeugen – das waren die sogenannten Kellerhalsredner. Die hatten wir aber hundert Jahre später nicht mehr, und im Keller der Ossastraße 39 gab es zu meiner Zeit auch keine Kneipe, sondern einen Altmetallhändler. Zudem trugen wir dann – um unser kärgliches Taschengeld etwas aufzubessern – alles Metallische, das wir in der Ruine Ossa-, Ecke Weichselstraße gefunden hatten. Außerdem erinnerte mich dieser Kellereingang immer an den Kohlenkeller meiner Oma in der Manteuffelstraße.

Undenkbar war in den Nachkriegsjahren auch ein an die Wand gelehntes Fahrrad. Niemand von uns Kindern und Jugendlichen hatte eins, und den meisten Erwachsenen waren sie beim Einmarsch der Roten Armee abhandengekommen.

Das kleinteilige Pflaster und die Steinplatten sind noch original dieselben, was mich an diesem Foto aber ungemein stört, ist das moderne Kunststofffenster. Das macht irgendwie das ganze Bild kaputt.

»Wow!«, rufe ich ganz spontan, denn so vergleichsweise feudal hatte ich unseren Eingang zum Vorderhaus, der auch die Passage zum Hinterhaus ist, nicht mehr in Erinnerung. Und welche tiefe Symbolik steckt in diesem Foto: Rechts haben wir die Treppe für die Mieter im Vorderhaus – es geht hinauf in lichte Höhen, und links die niedrige Tür zum Hof und zum Hinterhaus, deren Fenster fast ein wenig an eine Gefängniszelle erinnert. Ja, in der Nr. 39 waren wir eine Zweiklassengesellschaft – oben die aus dem Vorder-, unten die aus dem Hinterhaus. Sogar im Luftschutzkeller, jeden Augenblick den Tod vor Augen, saß man säuberlich getrennt voneinander.

Die Hausbriefkästen links und rechts auf den hölzernen Paneelen gab es damals nicht. Bei uns stiefelten die Briefträger noch brav nach oben und steckten die Sendungen in die Schlitze jeder einzelnen Wohnungstür – und das zweimal

Treppenaufgang, Vorderhaus, Ossastraße 39

am Tag. Der Papierkorb rechts, der stört und entwertet das Ensemble und ist eine Errungenschaft der Neuzeit.

Das Schlimme an diesem Hausflur war für mich als Jungen das pompöse Eingangsportal in der Mitte des Podestes, denn hinter deren Pfeilern links und rechts war so viel Platz, dass sich da ein Mensch verstecken und andere durch plötzliches Hervorschnellen zu Tode erschrecken konnte. Gern taten wir das mit Spielkameraden. Abends aber, wenn ich allein nach Hause kam, und des Nachts, wenn ich Besuchern die Haustür aufschließen musste, hatte ich immer eine gewaltige Angst, dass sich dort ein Kindermörder verbergen könnte. – Okay, vielleicht bin ich dadurch zum Krimischreiben gekommen. Wollte man nun ins Hinterhaus, dann musste man erst einmal ein paar Treppenstufen hinunter, vier wohl – also den Abstieg beginnen.

Das ist mein Hinterhof, auf dem uns Kindern das Spielen, den Armen das Betteln und Hausieren und den Mitgliedern der Kreativwirtschaft das Lärmen und Musizieren unter Androhung strenger Strafen verboten war – wie man es den angebrachten gelben Schildern entnehmen konnte. Wenn man denn wollte. Die Leierkastenmänner wollten nicht, die zogen munter über die Höfe, und wir Kinder halfen ihnen dabei, die aus den Fenstern geworfenen Groschen aufzusammeln. Das konnte durchaus schmerzhaft sein, denn witzige Zeitgenossen hielten ihren Groschen, bevor sie ihn dem Künstler zukommen ließen, vorher mit einer Zange noch so lange in eine Gasflamme, bis er rot glühte.

Die Einfassungen der »Beete« sind noch immer aus glasierten und schön abgerundeten weißen Steinen. Die Fahrräder wie die modernen Fenster stören meine Erinnerungen. Nur das Treppenhaus macht da eine löbliche Ausnahme.

Typisch ist die Eingangstür zum Hinterhaus – euphemistisch als Gartenhaus bezeichnet: Diese Tür ist so klein, weil nur die »kleinen Leute« durch sie hindurchgehen. Sie ist für die Menschen, die hier wohnen, diskriminierend. Manche Stalltür ist da einladender. In meinen Romanen, die weithin hier in der Ossastraße 39 spielen – *Brennholz für Kartoffelschalen* und *Capri und Kartoffelpuffer* –, merkt mein Held Manfred Matuschewski das nicht, und mir selbst ist es auch bis eben nicht besonders aufgefallen. Man verklärt eben immer einiges …

Hinterhof mit Blick auf die Eingangstür zum Hinterhaus, Ossastraße 39

Rechts ging es in den Keller, im Krieg auch Luftschutzkeller. Es war für mich stets ein Horrortrip, wenn ich dort hinunter musste, um Kohlen und Kartoffeln nach oben zu holen. Letztere im Herbst für den Winter »einzukellern«, war damals üblich. Vor der Kellertreppe standen die Müllkästen, ja: Kästen und keine Tonnen oder Container. Rechteckig waren sie und so schwer, dass zwei Müllmänner sie in Gurten auf die Straße tragen mussten, wo der Müllwagen mit zwei Pferden davor auf sie wartete.

Balkon, ehemalige Wohnung Familie Bosetzky, Hinterhof, Ossastraße 39

Der dritte Balkon von unten ist unserer gewesen. Wo jetzt Blumen zu erkennen sind, ragten im Sommer 1946 Tomatenpflanzen in den Himmel. Und sonst? Zu meiner Zeit gab es nur Fenster mit Fensterkreuzen, und an der Giebelwand rechts war der Putz alt und in großen Flatschen abgefallen.

Der Balkon war für mich ein wichtiger Ort, an wärmeren Tagen mein Spiel- und Kinderzimmer (ein richtiges hatte ich ja nicht). Da spielte ich dann mit einer selbst gebauten Kurbel Straßenbahnfahrer, schließlich hatte mein Balkon die Form eines Triebwagens vom Typ T24. Ein anderer Spaß war es, den Leuten vom Vorderhaus gegenüber in die Fenster zu sehen und sie bei ihrem Tun zu beobachten. Nahe genug dran war man ja. Aber auch sie hatten mich im Auge – und andauernd wurden meiner Mutter meine Verfehlungen gemeldet:

»Ihr Horst hat wieder mal gekokelt, eines Tages steht noch das ganze Haus in Flammen.« Da sangen wir Jungen dann:

»Das ganze Kackhaus steht in Flammen,
Der nackte Arsch is in Jefahr.
Da komm' die Männa mit den Schläuchen,
Hurra, die Feuerwehr is da!«

Als meine Mutter tagsüber »auf Arbeit war«, bei der AOK am Oranienplatz, und mein Vater noch in russischer Kriegsgefangenschaft, da hatte ich manchmal eine solche Angst vor Einbrechern, dass ich mich stundenlang vom Balkon nicht in die Wohnung traute. Diese Geräusche da drinnen …

Außerdem hatte man vom Balkon aus den Überblick, wer von den Spielkameraden über den Hof ging. Da hieß es dann: Gleich hinterher, damit man dabei war, wenn die Mannschaften zum Fußballmatch auf dem Asphalt der Ossastraße per Tip-Top zusammengestellt wurden. Es kam auch schon einmal vor, dass ich etwas Spucke nach unten fliegen ließ, wenn jemand vorbeikam, mit dem ich noch ein Hühnchen zu rupfen hatte. Ducken und abwarten, ob ein Aufschrei anzeigte, dass der Qualster ein Volltreffer war.

Balkon, ehemalige Wohnung Familie Bosetzky, Ossastraße 39

Dieses Treppenhaus sieht eigentlich ganz hübsch, ja, fast romantisch aus, man beachte aber die kleine Tür am rechten Bildrand. Die führt zu der berühmten »Toilette auf halber Treppe«. Von den vier Mietwohnungen auf jeder Etage hatten nämlich nur drei eine Innentoilette – die armen Teufel aus der vierten Wohnung, der rechts außen, mussten in dringenden Geschäften immer erst die Wohnung verlassen. Nun waren diese Außentoiletten aber so klein, dass etwas längere Menschen, wenn sie sich zu einer Sitzung niedergelassen hatten, dazu neigten, die Türen geöffnet zu lassen, damit sie ihre Beine ausstrecken konnten. Für das große Geschäft nahm man sich damals viel mehr Zeit als heute, zumal es kein oder kaum Toilettenpapier gab und man seine Tageszeitung zu »hinterlistigen Zwecken« benutzte, also immer Lesestoff zur Verfügung hatte.

Schön ist auch das Treppengeländer. Wir Kinder nutzten es in der Hauptsache dazu, auf ihm hinunterzurutschen. Das war natürlich immer mit einer gewissen Absturzgefahr verbunden und uns deshalb von den Eltern verboten worden. Aber ihr Gezeter nahmen wir gern in Kauf, denn der Rausch eines Skispringers im Kleinen war uns einiges wert. Als wir noch nicht ganz ausgewachsen waren, gab es für uns aber auch noch einen anderen Spaß, der eher bergsteigerischer Natur war. Man konnte sich nämlich auf halber Höhe durch die gedrechselten Stäbe hindurchquetschen und tollkühn in die Tiefe springen, das heißt, auf die nächste »halbe Treppe«. Dort ohne Sturz zu landen, erforderte schon akrobatisches Geschick.

»Trödele nicht so!«, bekamen wir immer wieder zu hören. Das lag nicht nur an den eben beschriebenen Spielen, sondern auch daran, dass wir gern an den Wohnungstüren der anderen Mieter lauschten, aber auch an den Treppenfenstern stehen blieben. Die kleine Luke rechts unten ließ sich öffnen. Steckte man den Kopf hinaus, konnte man sehen, wer unten »hinten raus« an der Klopfstange stand und seinem Teppich Staubwolken entlockte.

Immer wieder bin ich beim Aufstieg zu unserer Wohnung an einem der Treppenfenster stehen geblieben. Weniger aus Atemnot oder Krämpfen in der Beinmuskulatur, sondern der Fernsicht wegen. Drüben hatte »der Kratzer«

rechts: Treppenhaus zur 3. Etage, Hinterhaus, Ossastraße 39

Rückansicht Fabrik, Weichselplatz 4, 2014

Weichselpark, Blick vom Kiehlufer über den Neuköllner Schifffahrtskanal zur Weichselstraße und zum Weichselplatz, 1925

Weichselpark, dieselbe Perspektive, 2014

seine Fabrik. So habe ich den Namen im Ohr, möglich sind aber auch Kraatzer und Kratz. Das Internet hilft da nicht weiter. Auch nicht bei der Frage, ob das eine Möbeltischlerei war, wie ich glaube. Egal, »der Kratzer« war für uns wichtig, weil er unser Hauswirt war und ab und an selber kam, die Miete zu kassieren. Blickte ich auf seine Fabrik, dann hoffte ich weniger, ihn zu sehen als den Außenfahrstuhl. Den nachzubauen habe ich dann mit meinem Stabilbaukasten versucht, was aber wegen mangelnder Teile missglückt ist. Noch spannender aber war etwas anderes. Standen nämlich im Sommer sowohl zum Hof hin liegende Fenster als auch welche an der Straßenseite offen, konnte man durch die ganze Fabrik hindurch bis zum Weichselpark blicken. Dort bin ich im Kinderwagen oft hin und her gefahren worden, denn vor dem Umzug in die Ossastraße haben meine Eltern noch ein paar Monate am Weichselplatz gewohnt. Als Jungen haben wir selten dort gespielt – wegen des strengen Parkwächters. Den zu ärgern, war allerdings ein Riesenspaß.

Ossastraße 39, Hinterhaus, 3 Treppen, Mitte, links – so die genauen Determinanten der Wohnung von Manfred Matuschewski und mir. »Ja, hier isset jewesen!« Durch diese Tür sind wir von Ende 1938 bis Mitte 1954 hinein und hinaus spaziert, das heißt, anfangs noch auf dem Arm der Eltern oder im Kin-

Aufgang zur 3. Etage

derwagen transportiert worden. Abzuziehen von den rund 16 Jahren sind auch die Zeiten, in denen wir im Krieg evakuiert waren und später unsere großen Ferien in Schmöckwitz verbracht haben.

Nur sieht jetzt alles ein wenig vornehmer aus. Die Wand links war, so meine Erinnerung, bis zur abgeknickten Zierleiste in einem fürchterlich changierenden Grüngrau gestrichen. Vor allem aber fällt mir auf, dass neben den Türen die großen braunen Holzbretter fehlen, auf denen die Namensschilder und die Klingelknöpfe angebracht waren. Nein, das waren keine Knöpfe, sondern U-förmige Bügel aus Messing, die man nach oben ziehen musste, damit es in der Wohnung klingelte. Gab es tagsüber Stromsperren, dann schlichen wir Jungen uns in die Treppenhäuser und klemmten Streichhölzer unter diese Bügel. Floss dann nach Ende der Stromsperre wieder »Saft« durch die Leitungen, wurde im ganzen Haus Sturm geklingelt, wurden überall die Türen aufgerissen und Flüche ausgestoßen. Ein Heidenspaß für uns. Effektvoll war es auch, Stinkbomben in die Treppenhäuser zu werfen ...

Zurück zu den Namensschildern. Die waren meistens auch aus Messing. Die Namen hatte man in allen möglichen Schrifttypen eingraviert. Bei längeren Vor- und Nachnamen reichte der Platz nicht aus und es musste abgekürzt werden. Das Messingschild mit dem O. Bosetzky, das mit meinen Eltern von Wohnung zu Wohnung gewandert ist, habe ich, als meine Mutter ins Heim gekommen ist, abgeschraubt und verwahre es als wertvolles Erinnerungsstück in meinem Schreibtisch. Es misst 11,5 x 5,0 Zentimeter. In der dritten Etage hingen vier Schilder: Winter, Bosetzky, Drewisch und Ledworuski. Der Briefschlitz ist noch zu erkennen, ebenso links die Schlüssellöcher. Zu meiner Zeit hatte man oben ein kastenförmiges Sicherheitsschloss, noch primitiv verglichen mit den heutigen Produkten, und unten einen »Drücker«. An eine Gegensprechanlage unten am Hauseingang war nicht zu denken, und so war uns schon im Kleinkindalter eingeschärft worden, nicht aufzumachen, bevor gefragt worden war »Wer ist denn da, bitte?« Unsere Wohnungstür war eigentlich für Linkshänder gedacht, ich als Rechtshänder hatte beim Aufschließen immer meine Schwierigkeiten, musste mich immer etwas verdrehen und aufpassen, dass ich mit meinem Einkaufsnetz nicht gegen die Tür der Nachbarwohnung stieß.

Unser Korridor, sieh da! Geradezu ging es ins Wohnzimmer. Links hinten, wo jetzt viel Platz ist, stand unser riesiger Kachelofen. Den musste ich schon als Sechsjähriger immer »beschicken«, wie mein Vater das ausdrückte, so als handele es sich um einen Hochofen. Da er aus dem Kohlenkeller kam – siehe meinen Roman *Zwischen Kahn und Kohlenkeller* – war er Fachmann darin: Zuerst kamen zerknülltes Zeitungspapier, kleine Holzscheite – vgl. *Brennholz für Kartoffelschalen* – und Kienäppel (aus den Wäldern rund um Schmöckwitz) in den Ofen, darauf zwei Presskohlen (Marke »Troll«). Das Ganze wurde dann mit einem Streichholz oder einem Fidibus in Brand gesetzt. Hatten die Braunkohlen Feuer gefangen und zu glühen begonnen, wurden (falls vorhanden) Koks,

Korridor, ehemalige Wohnung Familie Bosetzky

Eierkohlen oder Anthrazit auf die Glut geschüttet. Das hielt dann den ganzen Tag über die Wohnung warm.

Zurück zum Korridor. Obwohl er so schmal war, spielten wir – mein Freund Gerhard, mein Cousin Peter und ich – hier immer Fußball, wenn auch nur mit einem Tennisball. Ich zog mir dabei mein gelbes Jersey und meine blauen Hosen an, ganz stolzer Spieler der B-Jugend des 1. FC Neukölln. Manchmal schnürte ich sogar meine »Töppen«, die Fußballschuhe. Da der Boden mit einem dicken roten Sisalteppich ausgelegt war, ging es ohne größere Schäden ab.

Die Tür rechts ging zum Schlafzimmer. Da stand das Doppelbett meiner Eltern, und bis zu meinem 11. Lebensjahr habe auch ich dort zur Nacht geruht – und zwar auf einem Aufstellbett, einer Ziehharmonika, vor dem Kleiderschrank, dann wurde ich auf die Couch im Wohnzimmer umquartiert. Während der Blockade haben wir alle drei – mein Vater, meine Mutter und ich – im Schlafzimmer an einem kleinen Tisch gesessen und im Schein einer alten Petroleumlampe gelesen.

Am rechten Bildrand ging es zur Küche, am linken zur Wohnungstür. Im Rücken knickte der Korridor etwas ab – da kam dann die Toilette, umgangssprachlich das »Kackhaus«. Von Badewanne und Dusche durfte nur geträumt werden.

Grand Canyon Ossastraße. Der Blick geht von meinem Balkon bis zu den Häusern an der Weichselstraße. Wahrscheinlich hat es den einsamen Baum auch schon vor 60 Jahren gegeben. Alles ist eng, eingeengt. Was mag ich als Kind und Heranwachsender bei diesem Ausblick gefühlt und gedacht haben? Hat es bei mir den Wunsch ausgelöst, alle Fesseln zu sprengen und die große weite Welt zu erobern? Nein, ich bin ein ausgesprochener Fernreisemuffel – und was war damals ein beliebter Vers bei uns: *»Ein Junge sitzt am Lokusrand und raucht die ›Peter Stuyvesant‹. Und was da hinten runter fällt, das ist der Duft der großen weiten Welt.«* Die Karl-May-Bände 1–55 habe ich verschlungen, das reichte mir.

***rechts:** Blick in die Innenhöfe, Wohnanlage Ossastraße*

Brennholz für Kartoffelschalen, um 1938

Ich habe auf diesem Balkon nicht gelitten, ich habe mich auf ihm und im Hinterhof sicher gefühlt, abgeschirmt von der Welt und ihren Gefahren. Er war mehr ein Patio für mich, auch ein Ort der Stille und der Kontemplation. Außerdem auch der berühmte Erlebnisraum, denn in einer Zeit ohne Handy war es üblich, dass andauernd jemand auf einem der sich aneinanderreihenden Höfe stand und nach oben schrie, meist etwas wie: »Mutti, wirfste mir mal 'ne Stulle runta!« oder »Mutti, kann zu Jüntha ruff spiel'n jehn?« Frauen schüttelten Bettdecken aus oder rissen die Fenster auf, wenn ihnen etwas angebrannt war. Einmal verbanden ein Freund, der gegenüber wohnte, und ich unsere Heimstätten mit einer Seilbahn. Von meinem Balkon zu seinem Küchenfenster ging sie, und auf ihr ließen sich Dominosteine und kleine Bleifiguren transportieren. Manchmal erschien auch ein Schornsteinfeger auf dem Dach, und unten auf dem Hof war ein Scherenschleifer bei der Arbeit. Oder es erschien ein Bauer mit einer Glocke in der Hand, läutete und schrie »Brennholz für Kartoffelschalen!«. Dann war mit dem Eimer schleunigst nach unten zu rennen.

2

RÜTLI-SCHULE

Da ist sie ja endlich: die inzwischen bundesweit berühmte Rütli-Schule! Ich kokettierte bei fast jedem Auftritt damit, einmal auf ihren harten Bänken gesessen zu haben. Links im dritten Stockwerk muss mein Klassenraum gewesen sein, zwischen Dachrinne und Vorbau. Von 1946 bis 1952 ist das gewesen. Eingeschult worden bin ick 1944 uff 'm Dorf, in Zieko bei Coswig, weil ick da mit meina Mutta evakuiert war. Als wir im Oktober 1945 nach Berlin-Neukölln zurückgekommen sind, musste ich erst einmal von der Ossastraße bis zur Schule am Hermannplatz laufen, weil die Rütli-Schule im Krieg zum Lazarett

Haupteingang

Eingang der Schule

oben: *Rütli-Schule, 1938* ***unten:*** *Rütli-Schule, 2014*

umfunktioniert worden war und erst wieder hergerichtet werden musste. Mein erster Klassenlehrer wurde nach der Spaltung Berlins wegen seiner Mitgliedschaft in der SED von der Schule entfernt. Ihm nach folgte Frau Falkenberg, der ich unheimlich viel zu verdanken habe – und mit diesem Satz eine kleine Gedenktafel schaffen möchte. Meine Erinnerungen an diese Phase meiner Schulzeit sind mehr als positiv, war doch mein Status ein guter: Wir hatten an der Wand ein Leistungs-Ranking hängen, eingeteilt in fünf Ligen, und da war ich regelmäßig auf Platz 5 der 1. Liga zu finden. Das war sehr schön, denn ich hatte nicht andauernd aufzupassen und mich zu melden, wie die Besten es tun mussten, sondern konnte mich innerlich auf meinen Fußball konzentrieren und Gleispläne der Berliner S-Bahn wie meiner geplanten Modelleisenbahnen in die hölzernen Tische ritzen. Da ich auch noch ein guter Fußballer war und – wegen meiner Erfahrung als Torwart – beim Völkerball alle auch noch so scharf geworfenen Bälle fangen konnte, wurde ich immer wieder zum Klassensprecher gewählt.

Ach ja, leider gab es noch keine Koedukation – die Mädchen waren im rechten und wir Jungen im linken Teil des Gebäudes untergebracht.

Auf der Rütlistraße haben wir nach Schulschluss regelmäßig gekickt, trotz des Kopfsteinpflasters. Unsere Ranzen und die Behälter für die Schulspeisung dienten als Torpfosten. Kam wirklich einmal ein Auto, wurde alles schnell zusammengerafft und zum Rinnstein getragen.

Rütlistraße

3

ALBERT-SCHWEITZER-SCHULE

Ja, die Albert-Schweitzer-Schule, zu meiner Zeit noch kein Gymnasium, sondern eine OWZ, eine Oberschule Wissenschaftlichen Zweiges ... Ich habe inzwischen meinen Frieden mit ihr gemacht und eine Rede zu ihrem 100-jährigen Bestehen halten dürfen, doch frohen Herzens und in freudiger Erwartung bin ich in all den Jahren nie durch ihre Tore geschritten. Es war immer Angst dabei, die Angst zu versagen. Die ASS hat Minderwertigkeitsgefühle in mir erzeugt, mit denen ich noch heute zu kämpfen habe: Du bist nichts, du kannst nichts – Bosetzky, setzen, Fünf!

Ein Lob war so selten wie das Erscheinen eines Kometen am Himmel. Von über 40 Schülerinnen und Schüler, die wir anfangs in meiner Klasse waren, haben nur acht das Abitur gemacht. Ich war einer von ihnen, und ich bin auch nie sitzen geblieben – trotzdem: Nie hat jemand auch nur im Entferntesten meine Begabungen erkannt und das getan, was man heute fördern nennt. Ich habe diese permanente Diminuierung nur dadurch kompensieren können, dass ich erfolgreicher Leichtathlet war, einmal schnellster Berliner Jugendlicher über die 100 Meter.

***links:** Albert-Schweitzer-Schule, Karl-Marx-Straße, um 1970* ***rechts:** Albert-Schweitzer-Schule, 2014*

oben: *Albert-Schweitzer-Schule, 1974* ***unten:*** *Turnhalle, Innenansicht, 2014*

Nun könnte man mit Erich Kästner fragen »Wo bleibt das Positive?«, aber das geht bei mir nicht, weil ich immer das Gesicht verziehe, wenn ich an den Zusammenhang von Kästner und ASS denke: Als er in die Schule zu einer Lesung mit anschließender Diskussion eingeladen wurde, durften aus jeder der oberen Klassen fünf Schüler an dieser Veranstaltung teilnehmen. Ich war nicht unter den Glücklichen.

Vergeben, aber nicht vergessen.

Albert-Schweitzer-Schule, Schulhof mit Turnhalle

Vergessen sind auch die Qualen nicht, die ich in der Turnhalle erlitten habe. Sommer (Leichtathletik): Eins, Winter (Turnen): Fünf. Ich bin nie über den Bock gekommen, obwohl ich ein ausgezeichneter Weit- und Hochspringer war und eine unglaublich hohe Anlaufgeschwindigkeit hatte. Ich habe mich nie über das Reck schwingen können, sondern bin immer mit den Beinen an der Reckstange hängen geblieben und abgestürzt (die Narben an meinen Schienbeinen sind noch heute zu erkennen).

Der Schulhof. Rechts hinter der Mauer liegt ein Friedhof. Der Blick aus dem Klassenzimmer ging auf diesen Friedhof hinaus. In den Pausen haben wir auf dem Hof unsere Runden gedreht. Komisch, dass ich immer daran denken muss, wenn ich einmal beruflich in Tegel zu tun habe und den Strafgefangenen beim Hofgang zusehe. Nein, der Vergleich ist falsch, denn wir hatten das Privileg, immer den Mädchen hinterher zu laufen, die wir heiß begehrten. Eine anzusprechen, war in den Fünfzigerjahren allerdings undenkbar. Komme ich heute in die ASS, dann erlebe ich sie als Modell für eine Schule, in der man den Schülerinnen und Schüler mit viel Empathie begegnet und im Sinne des modernen Coaching versucht, alle ihre Talente zu fördern und das Optimale aus ihnen herauszuholen, ohne ihnen dabei die Freude am Leben außerhalb der Schule zu nehmen.

Ach, man müsste noch mal fünfzehn sein …

4

REDE ZUM FESTAKT

100 JAHRE ALBERT-SCHWEITZER-SCHULE AM 12. OKTOBER 2007

Sehr verehrte Honoratioren, lieber Herr Krapp, liebes Kollegium, also: liebe Krapp-Familie, liebe Mit-Ehemalige, liebe Schülerinnen und Schüler der Jetztzeit, liebe Gäste ...

Entschuldigung, aber ich habe meine Schularbeiten vergessen, ich habe keine richtige Rede vorbereitet, und die Mitschüler, von denen ich hätte abschreiben können – wie früher immer –, die sind nicht zugegen oder schon vom Herrn heimgeholt worden in die Ewigkeit.

1. Zwischenruf
»Bosetzky, setzen, Fünf!«

Träum' ich? Wach' ich?
Wie gesagt, eine Rede, sprich: Einen Besinnungsaufsatz habe ich nicht zustande gebracht, nein, nur alles aufgeschrieben, was mir wirr durch den Kopf gegangen ist. Der Proband, so heißt es in der Psychiatrie, assoziiert frei. Also assoziiere ich ... Albert-Schweitzer-Schule, abgekürzt ASS. ASS oder Acetylsalicylsäure steht auch für Aspirin. Nebenwirkungen: Übelkeit, Sodbrennen, Erbrechen, Atemlähmung ...

2. Zwischenruf
»Bosetzky, dies hier ist eine Feierstunde – und Sie sollen jetzt nicht Ihre These über Sozialisation vermittels Angst verbreiten! Das haben Sie ja in Ihrem Roman *Capri und Kartoffelpuffer* ausführlich getan.«

Lehrer-Informationsbuch, Albert-Schweitzer-Schule

Gut, lasse ich das und beende die ASS-Assoziation mit dem alten Berliner Spruch: »Doof bleibt doof, da helfen keine Pillen, selbst Aspirin versagt.«

Jedenfalls zählte man am Anfang etwa 45 Abiturwillige in unserer Klasse, im Jahre 1957 haben von diesen 45 dann ganz präzise 8 – in Worten acht – das Abitur gemacht. Und dies, obwohl wir alle keinen Migrationshintergrund hatten, also, zumindest in der Theorie, viel einfacher zu handhaben waren.

Und wie viele Tabletten, nicht nur Aspirin, haben die Lehrenden selber schlucken müssen, um in der Kulturwüste Neukölln standzuhalten und uns Banausen zu ertragen? Viele leere Eimer gab es da zu füllen, und mühsam muss es gewesen sein, Feuer zu entfachen, zumal wenn man nach all dem Schrecken von Nazizeit und Krieg selbst ausgebrannt war.

3. Zwischenruf

»Bosetzky, wo bleibt das Wesentliche!?«

Das war es doch schon, der Satz des Heraklit: »Erziehung heißt, ein Feuer entfachen, und nicht, einen leeren Eimer zu füllen.«

Nun, unsere Schulzeit ist in der Festplatte unseres Gehirns eingebrannt, bis die Demenz kommt und alles löscht.

Sie hat uns geformt, sie hat uns verformt. Ohne sie wären wir nicht wir – mit all unseren Stärken und Schwächen. Wie gesagt, ich kann es nicht bündeln und ordnen, was mir alles durch den Kopf geht, wenn ich an meine Schulzeit denke, zumal ich ja für die Riesenschar aller Ehemaligen stehen soll.

Ehemalig, was heißt das …?

Mein Freund Prof. Dr. Gert Regenspurg, beide hatten wir im Fach Blödeln eine Eins, würde sagen: »Ehe Malik kam, da waren wir die Stars der ASS.«

Da hat er recht. Es gibt ja in jeder Epoche Schülerinnen und Schüler, die das Organisationsklima prägen, wir waren es in den Jahren 1956 und 1957, und ich kann auch nur über die Zeit von September 1951 bis März 1957 berichten, dem Jahr, in dem wir das Abitur gemacht haben, »gebaut« sagte man damals. Das sind von 100 Jahren Albert-Schweitzer-Schule nur 6 Jahre, also – lassen Sie mich überlegen – ganze 6 Prozent. Und jede, jeder sieht die Sache anders: Einen Lehrer, den ich gehasst und zur Hölle gewünscht habe, den haben andere geliebt und seinen Sarg mit Tränen in den Augen zu Grabe getragen.

Ein Traum ist alles Leben und das Leben nur ein Traum. Diesmal Calderon, nicht Kleist wie ganz am Anfang. Träume ich von meiner Zeit an der

Haupteingang, Albert-Schweitzer-Schule

Albert-Schweitzer-Schule, dann sind es immer Szenen wie solche, die ich vor Augen habe:

Deutsch:
»Faust, Verse 2010 bis 2025. Schallock, lesen Sie, was da steht, Wort für Wort, bitte!«

»Meph, Doppelpunkt: ›*Ich bin des trocknen Tons nun satt, / Muss wieder recht den Teufel spielen.*‹«

»Sie sollen das Mephistopheles nicht mitlesen!«

»Das steht doch aber hier: Meph.«

Mathematik:
»Regenspurg, kommen wir zu den Potenzen?«
»Und was ist mit den Impotenzen, Frau Pickler?«

Hausmeister Herr Gollnow

Lehrerin Frau Landsberg

Abiturklasse vor Seiteneingang, Albert-Schweitzer-Schule, um 1950

Erdkunde:
»Bosetzky, wo liegt Cartagena?«
»Ich geh ja schon die Karte aus dem Kartenraum holen.«
»Sie permanenter Döskopp, Sie!«

Sport:
»Bosetzky, ans Reck!«
»Nein, lieber verrecke ich.«

Deutsch, Erich Kästner kommt in die Albert-Schweitzer-Schule: »Die 10a hat fünf Plätze bei seiner Lesung und der anschließenden Diskussion zugeteilt bekommen. Wer Interesse hat, melde sich bitte. Nein, Bosetzky, Sie nicht, Sie haben doch keinerlei Affinität zur Literatur, Sie lesen doch nur Karl May.«

Zeugnisausgabe:
Gert Regenspurg: »Du sollst nicht falsch Zeugnis ablegen wider deinen Nächsten!«

12 c

Mathematik:
»Schallock, die Kurvendiskussion ...«
»Welche Kurven soll ich denn diskutieren, die von Thea oder die von Karin?«

Mathematik, Trigonometrie:
»Bosetzky, das ist ja schön, was Sie da ausgerechnet haben, aber wenn Berlin wirklich, wie es bei Ihnen der Fall ist, auf 78° nördlicher Breite und 20° östlicher Länge liegen würde, dann hätte man uns alle nach Spitzbergen umgesiedelt und wir wären total vereist.«

»Ach, Frau Pickler, denken Sie doch einmal an die Verse aus Schillers *Kassandra*: ›*Nur der Irrtum ist das Leben, / Und das Wissen ist der Tod.*‹ – Und so jung sterben möchte ich nicht.«

Deutsch:
Bimbo Steinbock liest den letzten Satz aus seinem Aufsatz über den Schrecken der Atombombe vor: »Und am nächsten Morgen wachen wir dann auf und merken, dass wir tot sind.«

14. Januar 1957, Geburtstag Albert Schweitzers, Festakt in der Aula. In Neukölln sagte man zu dieser Zeit statt urinieren oder Harn lassen auch schiffen.

Der Festredner: »Dann hat sich Albert Schweitzer in Hamburg eingeschifft.«
1. Schüler: »Hihi, mit der nassen Hose bis Lambarene!«
2. Schüler: »Und wo hat er sich ausgeschifft?«
Frau Dr. Schablin, die Rektorin, die in der ersten Reihe sitzt, springt auf, ist furchtbar empört und droht mit sofortiger Schließung der Schule.

März 1957. Kurz bevor ich die Albert-Schweitzer-Schule verlasse, erfahre ich eine Ehrung, die mich stolz und glücklich macht: Es gab einen großen Wettbewerb, und ich gewinne den ersten Preis für die beste Kurzgeschichte.

***links:** Seiteneingang, Albert-Schweitzer-Schule*

30 Jahre später, bei unserem ersten Klassentreffen, lacht sich Frau Wienicke, meine Deutschlehrerin, halb tot, als sie das hört: »Mensch, Bosetzky, Sie waren doch damals der einzige, der eine Kurzgeschichte eingesandt hatte.«

4. Zwischenruf

»Wann ist denn endlich Schluss mit diesen Kindereien?«

Pardon, das sind keine Kindereien, das ist das Eigentliche. Wir haben uns eingefügt in die Schule und sind durch sie nützliche Mitglieder der Gesellschaft geworden, und wir waren gleichzeitig Widerstandskämpfer, haben ihren angestaubten Ernst mit unseren Mitteln des Unernsten sabotiert, Camus folgend: »Auflehnung gibt dem Leben seinen Sinn.«

Ich bin noch heute Anhänger dieser Doppelstrategie, und so hoffe ich, dass an meinem Grabe einmal gesagt werden wird: »Er war das Beste, was

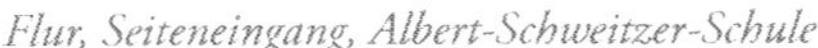

Flur, Seiteneingang, Albert-Schweitzer-Schule

wir sein können, ein Mann und ein Kind.« So Pastor Lorenzen über Dubslav von Stechlin in: Theodor Fontane, *Der Stechlin*, durchgenommen in der elften Klasse bei Frau Wienicke ... Danke dafür.

Das Klima an der Albert-Schweitzer-Schule hat mich geprägt und ist die Ursache dafür, dass mir mein Sohn immer wieder händeringend vorhält: »Vater, du kannst nicht das ganze Leben als Humoreske nehmen.«

Aber gerade im Falle unserer Schulzeit tun wir das wohl nahezu alle, und nicht zuletzt ist *Die Feuerzangenbowle* der Kultfilm für viele von uns. Der Hans Pfeiffer sein, das Abitur längst in der Tasche, sogar die Promotionsurkunde, die Lehrer vorführen, Sitcom und Slapstick im Klassenzimmer haben, der Größte sein, die Tochter des Rektors erobern.

In diesem Pfeifferschen Sinne spotte ich also: »Während meines sechsjährigen Eingewecktseins in der Albert-Schweitzer-Schule gelang es mir nicht, meine Lehrer wesentlich zu fördern.«

5. Zwischenruf

»Bosetzky, Sie schmücken sich da mit fremden Federn! Der Satz stammt von Bertolt Brecht und bezieht sich auf dessen Augsburger Gymnasium.«

Schön, und der nächste ist von Karl Kraus: »Bildung ist eine Krücke, mit der der Lahme den Gesunden schlägt, um zu zeigen, dass er auch bei Kräften ist.«

Ja, und darum war es ja für unsere Lehrerinnen und Lehrer so schwer, uns zum Ziel zu führen, zumal einen jungen Mensch wie mich, der von einer Schule in der Rütlistraße gekommen ist. Fast alle, die Streberinnen und Streber einmal ausgenommen, haben wir es doch mit Jean-Jacques Rousseau gehalten: »Der Schüler sieht den Lehrer nur als Zuchtmeister und die Geißel der Kindheit an.«

6. Zwischenruf

Zitieren Sie doch gleich den Dietrich Schwanitz: »Kurzum, die Schulen sind in einem so jämmerlichen Zustand, dass das Elend völlig unbekannt bleibt, weil sein Ausmaß unglaublich ist.«

Nein, Herr Kollege Schwanitz, bei allem Groll, der noch in uns steckt – manche narzisstische Kränkungen verzeiht man auch mit 69 nicht –, sind wir auch mehrheitlich von tiefer und ehrlicher Dankbarkeit erfüllt, wenn wir an die Albert-Schweitzer-Schule denken, denn ohne sie wären wir nicht das geworden, was wir geworden sind, wären wir alle nicht dem großen Credo nahegekommen, das da heißt: Werde der, der du sein kannst.

Und mit einer dicken Träne der Rührung in den Augen möchte ich nun, um sie zu ehren, ganz feierlich die Namen der Lehrerinnen und Lehrer verlesen, die mir besonders in Erinnerung geblieben sind, und dies in alphabetischer Reihenfolge, die Damen zuerst:

Frau Dr. Albrecht, Geschichte
Frau Dähne, Deutsch
Fräulein Gamblin, Biologie
Fräulein Kirsten, »Tante Anna«, Mathematik
Fräulein Laws, Geschichte
Frau Mühle, Deutsch und Latein
Frau Pickler, Mathematik
Frau Sawitzki, Mathematik
Frau Dr. Schablin, Rektorin
Frau Wienicke, Deutsch
Herr Gagern, Physik
Herr Hermann, Musik
Herr Herzog, Latein
Herr Hohensee, Deutsch
Herr Lorenz, Sport
Herr Lorenzen, »Kulo«, Kunst
Herr Dr. Neumann, Chemie und Erdkunde
Herr Redlich, Sport
Herr Schulze, Biologie und Erdkunde
Herr Dr. Schwarzenbeck, Deutsch
Herr Wilke, Englisch

3

L e h r k r ä f t e

Lfd. Nr.	N a m e	Vorname	Geburtstag	Fächer	an der Schule seit
	Oberstudiendirektorin				
1.	Dr. Schablin	Charlotte	8. 3.o2	D G Phil	1. 9.5o
	Oberstudienrat				
2.	Wilke	Erwin	11. 1.97	E F Rel	1. 4.54
	Studienräte (innen)				
3.	Gagern	Karl-Heinz	7.12.o7	Ph Ch Lei	1.1o.5o
4.	Gamlin	Hildegard	2o.12.13	Ch Bio Ph	1. 6.45
5.	Gent	Karl-Heinz	6. 3.21	G F	1. 9.5o
6.	Hermann	Paul	1. 2.o4	Mu	1.11.45
7.	Kirsten	Erna	12. 3.o1	Ma Ph Phil	1. 6.45
8.	Lawa	Gisela	9.11.21	G D Ek	15. 8.45
9.	Dr.Neumann	Hans	12.12.2o	Ek Ch Ph	1. 9.45
1o.	Pickler	Charlotte	3o. 7.1o	Ma Ph Ch	1. 4.46
11.	Redlich	Heinz	21. 3.15	Lei En Ge	1. 9.45
12.	Sawitzky	Elly	4. 7.14	Ma Bio Lei	1.1o.45
13.	Schwarzbeck	Wilhelm	1o. 9.93	Phil D G Rel	1. 4.54
14.	Wioneke	Rosemarie	12. 7.19	G D Lei	1. 6.45
15.	Herzog	Karl-Günter	4. 7.15	La Gr D	1. 4.54
	Studienassessor (innen)				
16.	Hohensee	Wolfgang	26.12.26	D G	11.8.53
17.	Monthey	Friedrich	18.1o.21	Gr La D	22. 5.52
18.	Mühle	Ilse	4.12.18	D La	1.1o.52
19.	Schulze	Gerhard	7.12.26	Ek Bio	8.1o.53
	Oberschullehrer, Lehrer mit erweiterter Fachausbildung				
2o.	Dühne	Herta	15. 7.97	Fr En Bv	1. 6.45
21.	Lorenz	Heinz	17. 7.14	Lei Ek	17. 5.54
22.	Lorenzen	Heinrich	13.1o.oo	Kunsterzieh.	1. 1.46
	Studienreferendar (innen)				
23.	Hinkel	Werner	24. 8.29	D En	8. 2.55
24.	Dr.Rosenthal	Gisela	11. 6.23	En D La	5.11.53

Liste des Lehrerkollegiums der Albert-Schweitzer-Schule, um 1955 (Auszug)

In stillem Gedenken erhebe ich mich und sage allen Lehrerinnen und Lehrern, die hier auf der Bühne Albert-Schweitzer-Schule aufgetreten sind: Haben Sie Dank für jeden gefüllten Eimer und ein von Herzen kommendes großes Dankeschön für jedes entfachte Feuer!

Unser Leben ist die Summe der Interaktionen mit unseren wichtigsten Bezugspersonen, und Sie alle waren so wichtig für uns, dass Sie in unserer

Lebensbilanz eine bedeutsame Rolle spielen. Ohne Sie wären wir um vieles ärmer, an Wissen, an Kompetenz, aber auch, das soll nicht verschwiegen werden, an Groll, an Aggressionen, ja, manchmal auch an Hass, aber das macht eben das Menschsein aus.

7. Zwischenruf

»Bosetzky, sind Sie am Ende?«

»Nein, das nicht, aber fertig. Und, was kriege ich nun für eine Note?«

8. Zwischenruf

Eine Drei minus, weil wir so gnädig sind, uns an Ovid zu halten: *»Ut desint vires tamen est laudanda voluntas.«*

»Wie bitte?«

Nr. 5 FEBRUAR 1957

Die Brücke

SCHÜLERZEITUNG DER ALBERT-SCHWEITZER-SCHULE, BERLIN-NEUKÖLLN

... denn sie wissen nicht was sie tun.

Herr Regierungsdirektor Weigelt sagte auf einer Pressekonferenz der Jungen Presse im Britrish Centre, daß für die Schülermitverwaltung nicht die Verhandlungsgrundsätze von Gewerkschaften mit Mehrheitsbeschlüssen und Streikdrohungen gelten dürfen, sondern allenfalls die Maximen einer Beratung am Familientisch.

Und wie sieht es in der Praxis aus? Resolutionen werden gefaßt, Forderungen aufgestellt und den übergeordneten Stellen ultimativ vorgetragen. Bildet man sich wirklich ein, in dieser Art etwas erreichen zu können? Nein, und nochmals nein! Der mühsam erworbene Kredit wird so aufs Schändlichste mißbraucht. Versetzt euch doch einmal in die Lage der Älteren! Wie würdet ihr denn reagieren? Wahrscheinlich genauso wie die Lehrer, nämlich ablehnend. Wissen die Herren und Damen des BSP wirklich nicht, was sie tun? Wie will man die Schülerschaft vertreten, wenn man durch unbedachte Äußerungen alle Chancen zerstört? Die Schülermitverwaltung darf keine Organisation gegen die Lehrer sein! Wer die Vernunftgründe nicht anerkennt, wird sicher die Nützlichkeit eines guten Auskommens erkennen. Führt Verhandlungen, stellt aber keine Bedingungen. Wahrt die Formen und bewertet die eigene Sache nicht über! Nur so lassen sich die Spannungen beheben und in Zukunft Erfolge erzielen.

Es gibt aber noch eine viel größere Gruppe, die nicht weiß, was sie tut. Macht es der kleinen Gruppe, die sich in den Dienst der Allgemeinheit gestellt hat, doch nicht so schwer. Verlangt nichts Unmögliches von ihnen. Gebt euren gewählten Vertretern keine Aufträge, von denen ihr wißt, daß sie undurchführbar sind und die außerdem dazu angetan sind, sie in Mißkredit zu bringen. Auch Lehrer sind nur Menschen und erliegen leicht der Versuchung anzunehmen, daß z.B. der Schülerpräsident eine geradezu unsinnige Forderung aus Größenwahn aufgestellt hat und versucht sie als Meinung der Schülerschaft darzustellen. Seid maßvoll in euren Forderungen! Urteilt nicht vorschnell!! Fragt, ihr bekommt bestimmt Auskunft; fürchtet nicht die advokatischen Kunststücke; eine berechtigte Kritik hört sich auch der redegewandteste SMVler an.

Jeder kann praktische SMV treiben, indem er für ein harmonisches Schulklima sorgt. Einmal seinen Kameraden nicht angebrüllt und der erste Schritt ist getan. H.

»Die Brücke«, Schülerzeitung der Albert-Schweitzer-Schule, 1957

9. Zwischenruf

»Wenn auch die Kräfte fehlen, der Wille ist dennoch zu loben.«

Na, bitte. Was sage ich immer: »Unablässiges Mühen bezwingt alles.« Das ist aber nicht Ovid, sondern Originalton Vergil.

10. Zwischenruf

Irrtum, bei dem steht: *»Labor omnia vincit.«*

Okay, Latein ist wieder im Kommen, ich weiß. Besonders in Lateinamerika würde Gert Regenspurg jetzt sagen, da sprechen es ja alle.

Die Schlussworte also: Der Albert-Schweitzer-Schule sei ein erfülltes weiteres Jahrhundert gewünscht, aber bitte eines ohne einen Adolf Hitler und zwei Weltkriege. Möge sie weiterhin wie ein großes Schaufelrad funktionieren und begabte Mädchen und Jungen, mit welchen ethnischen Wurzeln auch immer, aus den Niederungen der Neuköllner Hinterhöfe und Straßen hinauf zu den lichten Höhen des deutschen Bildungsbürgertums befördern, dabei aber stets eine Mahnung des großen Comenius bedenken: *»Die Schule sei keine Tretmühle, sondern ein heiterer Tummelplatz des Geistes.«*

Dann tummelt euch mal schön!

5

MEINE STRASSEN

Der Häuserblock an der Ecke Treptower Straße / Weigandufer war von zwei Stararchitekten der damaligen Zeit entworfen worden, Franz-Heinrich Sobotka und Gustav Müller, sah aber dennoch aus wie ein grauer Schuhkarton, in den man ein paar Öffnungen geschnitten hatte. Genau in der Zeit, in der das Wunder von Bern geschah, im Sommer 1954, sind meine Eltern mit mir vom Hinterhaus in der Ossastraße 39 in die Treptower Straße 79 gezogen. Drei Zimmer, eines ganz allein für mich, dazu Küche und Bad. Eine eigene Badewanne, ein unvorstellbarer Luxus! Überhaupt war der Einzug in eine Neubauwohnung in den Jahren nach dem Krieg wie der Einzug ins Paradies. Meine Eltern sahen ihn als den sozialen Aufstieg an, von dem sie seit ihrer Hochzeit geträumt hatten.

Treptower Straße 79, Vorderseite

Treptower Brücke über den Neuköllner Schifffahrtskanal

Nun, nüchtern gesehen war das alles sozialer Wohnungsbau vom Einfachsten. Unser Treppenhaus erinnerte an Fabrikaufgänge, die Decken waren so niedrig, dass ich, damals Torwart in der B-Jugend des 1. FC Neukölln, immer üben konnte, einen Ball über die Latte zu lenken. Und die Adresse Treptower Straße 79 war eigentlich Schummel, denn das Haus war nur vom Weigandufer aus zu erreichen, man hatte also, kam man vom Einkaufen in den vielen Läden gegenüber, von der Straßenbahn am Hertzbergplatz oder dem U-Bahnhof Karl-Marx-Straße, einen erheblichen Umweg zurückzulegen. Das führte dazu, dass ich manchmal schwere Einkaufstaschen vom Balkon aus an der Wäscheleine nach oben zog.

79

Ja, unser Balkon. Das ist der Zweite von unten gewesen (siehe Seite 50). Freunde wollen auf ihm neulich eine türkische Fahne gesehen haben. Rechts davon lag das Schlafzimmer meiner Eltern. Wo sich heute eine Schutzwand aus Plexiglas befindet, musste ich damals ein jedes Mal zu Sommerbeginn auf eine wacklige Leiter steigen, um oben an der Balkondecke eine rot-weiß gestreifte Markise anzubringen. Bei meiner Höhenangst eine abenteuerliche Sache. Der Blick in die Tiefe.

Da hatte ich die ersten Zeilen von Wilhelm Hauffs *Reiters Morgenlied* im Sinn: *»Morgenrot, Morgenrot, / Leuchtest mir zum frühen Tod?«* Und im Herbst war alles wieder abzubauen. Nun, ich hab 's überlebt.

Wie oft haben wir an wärmeren Tagen sonntags auf diesem Balkon gesessen und gefrühstückt. Die Treptower Straße war wegen ihres Kopfsteinpflasters immer fürchterlich laut, aber am Sonntag war es auszuhalten, zumal sie zu Mauerzeiten eine Sackgasse war. In einem Sommer hatte ein Amselpärchen oben rechts am Abflussrohr ihr Nest gebaut und drei Junge großgezogen. Deren Fäkalien mussten regelmäßig entsorgt werden, und das taten die liebevollen Eltern, indem sie die breiige Masse mit dem Schnabel aufnahmen und hinunterschluckten. Meine Mutter musste sich dabei immer abwenden, mein Vater und ich waren aber hart im Nehmen. Später sollte ich dann aus psychiatrischen Lehrbüchern erfahren, was Koprophagie ist.

Das Balkongitter erinnert mich an eine Geburtstagsfeier meiner Mutter. Jedes Jahr ging es am 11. Juni hoch her bei uns. Die Männer tranken viel Alkoholisches, vor allem Cognac, der damals sehr angesagt war, und Erdbeerbowle. Der war neben Weißwein, viel Rum und eben Cognac beigemengt worden, was die Stimmung so hob, dass meine Mutter bald Angst hatte, ihr guter Ruf würde flöten gehen, wohnten doch im Hause Treptower Straße 79 etliche AOK-Kollegen. Und sie war einer Ohnmacht nahe, als gegen Mitternacht Max, unser größter Entertainer, der mit Büromöbeln handelte, aber eigentlich ins Ohnsorg-Theater gehört hätte, die Toilette andauernd besetzt fand und nicht anders konnte, als an das besagte Balkongitter zu treten und … Die Leute unter uns wunderten sich, dass eine Husche niederging, obwohl der Himmel wolkenlos war. Niemand vermochte Max zurückzureißen. Gott, wie peinlich!

links: *Treptower Straße 79, Rückseite mit Hauseingang*

oben: Teupitzer Brücke, 1904
unten: Teupitzer Brücke, 2014

Zwischen Sonnenallee und Treptower Brücke war unsere Straße damals geradezu ein Einkaufszentrum. Vom Balkon aus hatten wir eine Menge Läden im Blick: Obst und Gemüse, Zeitungen/Zigaretten/Toto und Lotto, Kolonialwaren (heute würde man Supermarkt sagen), den Schlächter, den Bäcker, eine Drogerie, dann zur Werrastraße hin Schokoladen und Pralinen. Dazu kamen zwei Eckkneipen.

Der 4er-Bus endete zu meinen Neuköllner Zeiten an der Teupitzer Brücke, und an der Treptower Brücke gab es eine Haltestelle. Und mit das Schönste war die Lage am Neuköllner Schifffahrtskanal. An dem entlang konnte man so herrlich spazieren gehen, Dampfer beobachten und den Wasserratten beim Schwimmen zusehen.

Meine Mutter hat bis zum Sommer 2005 in der Treptower Straße 79 gelebt, bis der Umzug in ein Heim unvermeidlich wurde, ich von 1954 bis 1968. Treptower Straße 79, 2 Treppen links. *»Memories are made of this«*, sang man damals, oder mit Hildegard Knef: *»In dieser Stadt kenn' ich mich aus, / in dieser Stadt war ich mal zuhaus.«* In meinen »Kartoffel-Romanen«, insbesondere in *Brennholz für Kartoffelschalen* und *Capri und Kartoffelpuffer* habe ich meinen Helden Manfred Matuschewski das alles bis ins letzte Detail erleben lassen. In Gedanken bin ich öfter dort, spreche mit meinen Eltern und schreibe in meinem Zimmer am ersten Roman ...

Horst Otto Oskar Bosetzki, geboren am 1.2.1938 zu Bln./Köpenick, getauft am 10.2.1938 zu Bln./Köpenick, ist nach empfangener Unterweisung im Worte Gottes am 2.3.1952 in der Martin-Luther-Kirche zu Bln./Neukölln eingesegnet worden und zur Feier des heiligen Abendmahls zugelassen. Saran – Pfarrer. Denkspruch: 1. Timotheus 6,12: »Kämpfe den guten Kampf des Glaubens, ergreife das ewige Leben, dazu du auch berufen bist und bekannt hast ein gutes Bekenntnis vor vielen Zeugen.«

Meine Konfirmationsurkunde habe ich bis zum heutigen Tage gut verwahrt, und noch immer stört es mich, dass man mir das -y am Ende des Namens genommen hat. Es ist Teil meiner Identität, insbesondere mit dem -k davor. Mein Vater, eigentlich Otto Walter, hat unter dem Nachnamen Bosetzky immer gelitten, weil es der seines Stiefvaters war, und er hat mir diese Abneigung voll vererbt. Kommt dazu, dass in meiner Jugend der Kalte Krieg die Welt beherrschte – und bei uns in West-Berlin alles verfemt war, was irgendwie nach Osten klang. Startete ich über die 100 Meter für die Neuköllner Sportfreunde (NSF) und der Stadionsprecher gab die Bahnverteilung bekannt, dann riefen immer einige: »Bosetzky, Volkspolen.« Denn die Polen und wir hatten dieselben Farben: weiß und rot. Das war für mich damals das, was man heute Mobbing nennt.

»Nach empfangener Unterweisung im Worte Gottes.« Das war gar nicht so einfach, denn der Konfirmandenunterricht wurde immer morgens um 7 Uhr abgehalten, und wenn ich im Anschluss daran pünktlich zur ersten Stunde

in der Albert-Schweitzer-Schule sein wollte, hatte ich ganz schön zu »pesen«, wie man damals zu schnellem Laufen sagte. Und noch ein Problem gab es da: Vorgeschrieben war ja auch der regelmäßige Besuch des sonntäglichen Gottesdienstes, aber zu der Stunde, da die Glocken im Turm der Martin-Luther-Kirche läuteten, wurden zumeist auch die Spiele der Jugendmannschaften des 1. FC Neukölln angepfiffen. Da hatte mein Vater eine Idee. Er erzählte dem Pfarrer, dass seine Mutter, meine »Kohlenoma«, schwer krank sei, aber unbedingt noch die Konfirmation ihres Enkels erleben wolle. Daraufhin verkürzte der herzensgute Pfarrer Saran, der ohnehin kurz vor der Pensionierung stand, meine Konfirmandenzeit auf ein Jahr.

Meine Einsegnungsfeier zu Hause war wunderschön, aber ... Einmal gibt es kein einziges Foto von ihr, weil Waldemar, der unglaublich aufgeblasene Freund meiner Eltern, seinen teuren Apparat nicht richtig bedienen konnte, und zum anderen hatten meine Eltern anschließend Wanzen im Schlafzimmer,

links: *Martin-Luther-Kirche, Fuldastraße, um 1955* **rechts:** *Martin-Luther-Kirche, Fuldastraße, 2013*
rechte Seite: *Eingangsportal, Martin-Luther-Kirche*

Martin-Luther-Kirche, Fuldastraße

denn die Betten waren, um bei der Feier ein weiteres Zimmer zur Verfügung zu haben, auf den Dachboden geschafft worden und mussten sich da infiziert haben. Der Kammerjäger Kuhweide durfte anrücken, und meine Mutter schämte sich fast zu Tode.

Übrigens: Der gescheiterte Fotograf sah Peer Steinbrück zum Verwechseln ähnlich, und wenn ich den partout nicht ausstehen kann, dann hat das mit dem Freund meiner Eltern zu tun.

Den Denkspruch habe ich nie so richtig verstanden, und noch extra Theologie studieren wollte ich nicht. Gleichviel, natürlich bin ich Anfang 2002 zur Goldenen Konfirmation in die Fuldastraße geeilt, und habe auch so viel für die Kirchenrenovierung gespendet, dass der Küster an einem der Stühle im Kirchenschiff ein Schild mit meinem Namen angebracht hat.

6

STRASSENBAHN & S-BAHN

Als ich in meiner Jugend unter dem Stationsschild Sonnenallee gesessen habe, hat es noch ganz anders ausgesehen, da gab es schwarze Buchstaben auf weißem Grund. Was auch viel besser zu lesen war. Als ich diese Kunst gerade erlernt hatte, Mitte bis Ende 1944, stand noch Braunauer Straße auf den Schildern, denn am 1. Oktober 1939 hatte man den 1912 eröffneten Ringbahnhof Kaiser-Friedrich-Straße umbenannt. Erst im Herbst 1945 wurden die Schilder Braunauer Straße, die an den Geburtsort Hitlers erinnern sollten, wieder abgeschraubt. Seither haben wir also den Bahnhof Sonnenallee, der zu meiner Neuköllner Zeit mein Heimatbahnhof war, was die S-Bahn betrifft.

Von der Ossastraße reisten wir mit den Straßenbahnen der Linien 94 und 95 an, von der Treptower Brücke aus wurde zu Fuß marschiert. Das Empfangsgebäude macht schon etwas her. Diese roten Ziegel, dieser Eingang mit seinem

S-Bahnhof Kaiser-Friedrich-Straße, 1919

Braunauer Straße von 1938–1945/Sonnenallee seit 1945

Rundbogen und seinen Säulen! Und das Walmdach wird von einer Wetterfahne mit einer dreiachsigen Dampflokomotive gekrönt.

Steht man auf dem gebogenen Bahnsteig und sieht in Richtung Südost, kann man hoch oben auf ihrem Bahndamm die Züge der S 46 nach Königs Wusterhausen ziehen sehen. In meiner Jugend ging es nur bis Grünau, denn Eichwalde, der nächste Bahnhof, lag schon auf dem Gebiet der DDR, für uns West-Berliner bis zum Passierscheinabkommen 1974 schwerer erreichbar als Hinterindien. Wollten wir vor dem Mauerbau nach Schmöckwitz, mussten wir auf dem Vollring zum Bahnhof Neukölln fahren und dort in den Zug nach Grünau umsteigen. Grenzkontrollbahnhof war Baumschulenweg, und bei der

S-Bahnhof Sonnenallee

Bahnhofshalle, S-Bahnhof Sonnenallee

Bahnsteig, S-Bahnhof Sonnenallee

Ein- wie der Ausreise wurde man dort zu bestimmten Zeiten von den »Organen der DDR« mit strengem Blick gefilzt, immer mit der Angst, dass es ab nach Bautzen geht. Ach, was war das für ein Theater, als es schon Passierscheine gab und wir meiner Schmöckwitzer Oma, die am 12. Januar Geburtstag hatte, einen großen Blumenstrauß mitbringen wollten. Den hatte unser Neuköllner Blumenhändler wegen der Kälte in Zeitungspapier eingeschlagen – und die Einfuhr westlicher Presseorgane in die DDR war mehr als nur verboten. Und hätten die Kontrolleure geahnt, dass meine Mutter das Kleid, das sie meiner Großmutter schenken wollte, unter ihrem trug, und ich eine Strickjacke für einen männlichen Verwandten …

Mit dem Mauerbau wurde der Bahnhof Sonnenallee zwangsweise zur Endstation (die nächste Station auf dem Ring – Treptower Park – lag schon auf dem Gebiet der Hauptstadt der DDR). 1980 wurde alles stillgelegt, und erst am 18. Dezember 1997 war Sonnenallee wieder ein richtiger Bahnhof.

S41 Sudkreuz
DB

Anfangs waren da noch die alten Wagen der Bauart »Stadtbahn« unterwegs, an die modernen Wagen der Baureihe war noch nicht zu denken, ebenso wenig wie an den zweiten Ausgang, dessen »Gewächshausfenster« wir am rechten Bildrand sehen. Über eine Art Fußgängerbrücke, die zwischen den Gleisen liegt, kommt man jetzt auf die nördliche Seite der Sonnenallee, ohne an einer Ampel zu warten und sein Leben zu gefährden. Vielleicht ist sie dem nahe gelegenen Hotel »Estrel« geschuldet, das jetzt Neuköllns Stolz ist. An so etwas Nobles in der tristen Gegend um das Gaswerk herum hätte ich als junger Mensch nicht zu denken gewagt.

In meiner Zeit als Siemenslehrling, 1957–1960, habe ich mich auf dem Bahnhof Sonnenallee oft gefühlt wie Buridans Esel, denn bis zu meinem Ziel- bzw. Umsteigebahnhof, das war Jungfernheide, war es über den Süd- wie über den Nordring auf die Minute gleich weit – und wenn nun der Zug aus Richtung Neukölln zugleich mit dem aus Richtung Treptower Park einfuhr, dann war ich am Verzweifeln, denn wie oft spottete ich über mich: Schnell entschlossen zögerte er.

Die Sonnenallee als Straße spielte in meiner Neuköllner Jugend eine wichtige Rolle. Auf dem Weg zur Albert-Schweitzer-Schule bin ich sie Tag für Tag entlanggegangen, mein Fußballverein, der 1. FC Neukölln, spielte auf dem Hertzbergplatz, also an der Sonnenallee, und hier gab es drei Kinos, die wir in Vorfernsehzeiten wohl jede Woche besuchten: Das »Lux« gleich am Bahnhof Sonnenallee, die »Kamera« an der Treptower Straße und das »Maxim« an der Ecke Weichselstraße.

Und als meine Schmöckwitzer Oma als Rentnerin endlich nach West-Berlin reisen konnte, habe ich sie am Grenzübergang Sonnenallee abgeholt.

links: *S-Bahnhof Sonnenallee, Einfahrt der S41*

7

KINOS

Da meine Kohlenoma Johannes Heesters liebte, wurde bei jeder Geburtstagsfeier gesungen: »Heut geh ich ins Maxim – und werde dort intim ...«

»Maxim«, was immer sich dahinter verbergen mochte, das Wort allein löste lustvolle Assoziationen aus, und so saßen meine Eltern und ich auch regelmäßig auf Dreien der 689 Plätze, die unsere »Filmbühne« Sonnenallee 57, Ecke Weichselstraße zu bieten hatte. Von der Ossastraße 39 bis ins Kino waren das ja nur wenige Hundert Meter. Im Internet ist als Eröffnungstermin das Jahr 1951 angegeben, und wenn ich mir die Liste der Filme ansehe, die 1951 auf die Leinwand gekommen sind und an die ich mich noch erinnern kann, dann könnte das stimmen.

Da sind *Fanfaren der Liebe* mit Dieter Borsche, Inge Egger, Grethe Weiser, Georg Thomalla, Oskar Sima und Beppo Brem, alles Namen, die bei uns mit einer gewissen Ehrfurcht aufgesagt wurden, dann *Grün ist die Heide* mit Sonja Ziemann und Rudolf Prack in den Hauptrollen, *Das Haus in Montevideo* mit Curt Goetz und Valérie von Martens, *Quo vadis* mit Peter Ustinov und Deborah Kerr und *Der Untertan* mit Werner Peters als Diederich Heßling.

links: »Lux«, Ecke Sonnenallee / Braunschweiger Straße, um 1950,
rechts: Ehemaliges »Lux«, Ecke Sonnenallee / Braunschweiger Straße, 2014

oben: *»Maxim-Lichtspiele«, Sonnenallee 57, 1953*
unten: *Ehemalige »Maxim-Lichtspiele«, Sonnenallee, 2014*

Nicht zu vergessen der erste Science-fiction-Film meines Lebens: *Der Tag, an dem die Erde stillstand.*

Das war in den Jahren, da wir zu Hause weder Telefon noch Fernseher hatten und kleine Computer für den Hausgebrauch nicht einmal angedacht waren. Der Kinobesuch war also das absolute Highlight der Woche – und ein jedes Mal ein Lotteriespiel, denn saßen zwei Riesen vor einem, dann konnte man eher ein Hörspiel als einen Film genießen. Auch war die Ernährung nach Krieg und Blockade noch immer ein wenig unausgewogen, sodass viel, viel mehr Menschen als heute unter Blähungen litten, und manche von ihnen machten sich dann den Spaß, »einen durch die Reihen schleichen« zu lassen.

oben: *»Obst- und Gemüsehandel Weyer«, Geschäftseröffnung 1956, Sonnenallee 51*
unten: *»Obst- und Gemüsehandel Weyer«, seit 1980 Blumenhandel, Sonnenallee 51, 2014*

Links neben dem »Maxim«, also in der Sonnenallee, gleich an der Jansastraße, gab es die damals sehr bekannte und fast kultische Obst- und Gemüsehandlung Weyer, in der meine Mutter immer kaufte, zumindest in Zeiten, in denen es etwas zu kaufen gab. Und kochte sie dann zu Hause weiße oder grüne Bohnen, dann reimte mein Vater: »Jedes Böhnchen gibt ein Tönchen«, das aber die Übeltäter im »Maxim« stets geschickt vermieden, um ihre Ortung unmöglich zu machen.

8

U-BAHNHOF RATHAUS NEUKÖLLN

Solange wir in der Ossastraße wohnten, war Rathaus Neukölln, was die U-Bahn betraf, mein Heimatbahnhof. Entworfen hat ihn Berlins bester und berühmtester U-Bahn-Architekt, der aus Schweden stammende Alfred Grenander. Dunkelblau sind die Kacheln der Säulen in der Mitte des Bahnsteigs und die oberen und unteren Ränder der Wände hinter den Gleisen. In Jürgen Meyer-Kronthalers Standardwerk *Berlins U-Bahnhöfe* heißt es: *»Der durch seine kassettengegliederte Decke beinahe gemütlich wirkende Bau besitzt ungewöhnlich viele Reklametafeln.«* Die haben mich damals aber viel weniger

U-Bahnhof Rathaus Neukölln, Linie U7, Karl-Marx-Straße

interessiert als die hier eingesetzten Züge, denn die waren vom Typ Tunneleule, besaßen also vorn am Führerstand zwei ovale Fenster. Eines für den Fahrer und eines für den Zugbegleiter, der auf jedem Bahnsteig ausstieg, um seinem Kollegen am Fahrschalter das Abfahrtsignal zu geben, mal durch Klopfen gegen die Scheibe, mal durch Drücken auf einen kleinen Knopf über der Tür. Erst als der Zug langsam anfuhr, schwang er sich wieder hinein. Als Kinder hofften wir immer – und leider vergebens –, dass er es nicht schaffen und auf dem Bahnsteig zurückbleiben würde.

Am 11. April 1926 ist der Bahnhof Rathaus Neukölln eröffnet worden, gelegen an der Linie C (lila in der Netzspinne) und mit den Endbahnhöfen Grenzallee und Seestraße. Waren Verwandte – wie etwa mein Cousin Curt – oder Bekannte von der U-Bahn abzuholen, wurde ich immer ausgeschickt, sie in Empfang zu nehmen. Und da sie mitunter mit erheblicher Verspätung in Neukölln eintrafen, hatte ich reichlich Muße, alles zu studieren und in mich aufzunehmen. Besonders fesselnd fand ich alles, was mit dem Verkauf von Fahrkarten zusammenhing. Da befand sich rechts von der Treppe, wenn man den Abgang an der Fuldastraße benutzte, eine fensterartige Öffnung in der

U-Bahnhof Rathaus Neukölln, Bahnsteig

Am Rathaus Neukölln, Karl-Marx-Straße, um 1960

Wand und dahinter saß in einer Art Wohnstube eine Bedienstete an einem silbern glänzenden Apparat, der in meiner Erinnerung etwas von einer Espressomaschine an sich hatte. Trat ein Fahrgast an den Schalter, drehte die Dame an einer Kurbel aus Messing und heraus kam ein gelber Papierstreifen mit blauen Aufdrucken. Den riss sie dann ab und verkaufte ihn.

Apropos Fahrscheine: Meine Mutter war eine überaus gesetzestreue Beamtin, und Normverstöße waren undenkbar für sie. Da steigt sie nun eines Tages – vom Dienst bei ihrer AOK kommend – am Rathaus Neukölln aus dem Zug, zerknüllt ihren gelben Fahrausweis und wirft ihn in einen Papierkorb. Just in diesem Augenblick tritt hinter einer der Säulen ein Kontrolleur hervor und begehrt ihren Fahrschein zu sehen. Sie erbleicht und zeigt, wirr Erklärungen stammelnd, auf den Abfallkorb. Der BVG-Mensch glaubt ihr nicht, lässt sich aber überreden, den Abfalleimer auf dem Boden auszuleeren. Beide knien nun auf dem Boden und suchen das fehlende Dokument für den ordnungsgemäß bezahlten Beförderungsfall. Doch sie finden nichts. Meine Mutter muss ihren behelfsmäßigen Personalausweis zücken, Name und Anschrift werden notiert. Sie kommt weinend nach Hause, weil sie glaubt, nun als vorbestraft zu gelten.

»Zurückbleiben!« Das »Bitte« war noch nicht eingeführt.

9

KARL-MARX-STRASSE

Begeben wir uns also nach oben auf die Karl-Marx-Straße. Der Blick geht in Richtung Fuldastraße. Gleich dahinter gab es einen Schreibmaschinenhändler mit dem wunderschönen Namen Mackeprang. Bei dem haben mir meine Eltern meine erste richtige Schreibmaschine gekauft, die »Gabriele« von »Triumph«, und auf der habe ich meine ersten Romane geschrieben, angefangen mit *Einer von uns beiden*, aber auch meine Diplom- und Doktorarbeit.

oben: *»Mackeprang«, Ecke Karl-Marx-/Fuldastraße, um 1970*
unten: *Ecke Karl-Marx-/Fuldastraße, 2014*

Schloss Britz, Alt-Britz

Die Folgen kann man im Foyer des Rathauses sehen, denn dort hängt bei den Ehrenbürgern eine schöne Tafel mit meinem Namen, hat mir doch im Jahre 2007 der allseits bekannte und berühmte Bezirksbürgermeister Heinz Buschkowsky (SPD) die Neuköllner Ehrennadel verliehen.

Allerdings nicht im Rathaus, sondern im Schloss Britz. Hm ... Jetzt müsste ich mich eigentlich bewundern und lieben, wie mein Arzt das von mir verlangt, doch wie denn, wenn ich alles über mich weiß?

»Bosetzky, wer war Erk?« – »Keine Ahnung, ich kenne nur Erkner.« – »Setzen, Fünf!«

Mein Neuköllner Trauma.

Was sagt das Internet? »*Ludwig Erk (1807–1883) gründet 1852 in Berlin den Chor zur Pflege des Volksliedes.*« Werner Stein (SPD), ein Mann, den ich bis heute verehre, war von 1964 bis 1975 unser Senator für Wissenschaft und Kunst. O gäbe es doch wieder einen solchen! Vielleicht kann ich mich auf

links: *Ecke Erk-/Karl-Marx-Straße* ***rechts:*** *»Kaufhaus H. Joseph & Co«, Berliner Straße, um 1910 (heutige Karl-Marx-Straße)*

die ersehnte 4+ verbessern, wenn ich erwähne, nach wem die Verlängerung der Erkstraße hinter der Sonnenallee und nach Treptow hin benannt worden ist: Nach dem Schriftsteller und Diplomaten Ernst von Wildenbruch (1845–1909). Von wegen »Kulturwüste Neukölln«! Damit haben sie uns in meiner Jugend immer diskriminiert. Im Wildenbruchpark konnte man früher, als es da noch einen kleinen Abhang gab, im Winter wunderbar rodeln.

Aber zurück zum Foto. Hinter dem 104er Bus erkennen wir ein selten hässliches Geschäftshaus zwischen Neckar- und Rollbergstraße. An der Stelle dieses architektonischen Schandflecks stand einmal ein wunderschönes Gebäude: das »Kaufhaus H. Joseph & Co«. Im Jahre 1900 hatten die jüdischen Kaufleute Hermann Joseph und Sally Rehfisch das »Varieté Café Germania« gekauft und den Bau Jahr für Jahr ein wenig erweitert. 1936 erfolgte dann die »Arisierung«, und das Warenhaus firmierte unter »Kaufhaus Friedland«.

Bei meiner Mutter und meiner Großmutter, der Schmöckwitzer Oma, hieß es aber immer, obwohl dieses Kaufhaus nie zum Unternehmen von Hermann Tietz gehört hatte: »Wir gehen heute zu Tietz.« War das der Fall, brach ich, damals vier Jahre alt, in Jubel aus, denn bei »Tietz« gab es herrliche Fahrstühle mit Türen und Griffen aus Gold. Es war zwar nur Messing, aber egal. Und in jedem Aufzug versah ein Fahrstuhlführer seinen Dienst. Er drückte für die Kunden den Knopf für die gewünschte Etage und verkündete dann bei jedem

Halt mit göttlicher Stimme, was es dort zu kaufen gab. »Dritte Etage: Bettwäsche, Porzellan, Spielwaren!« Das spielte ich dann zu Hause stundenlang nach, indem ich unseren Küchenschrank zum Fahrstuhl machte und die untere Tür so lange öffnete und schloss, bis das Scharnier kaputtging. Ich hatte wieder einmal einen Traumberuf gefunden: Fahrstuhlführer.

Gleich nach Kriegsende war dann mein Onkel Berthold, Bruder meiner Schmöckwitzer Oma, Verwalter des Lebensmittelmagazins, das die Alliierten im Kaufhaus Friedland eingerichtet hatten. »Wollt ihr Fußmehl haben?«, wurden wir gefragt. Meine Mutter und ich staunten um die Wette. Es stellte sich heraus, dass hungrige Neuköllner liebend gern das Mehl vom Fußboden auffegten, das beim Abladen aus den Mehlsäcken herausgerieselt war.

Später träumten wir davon, uns die Nacht über im Kaufhaus einschließen zu lassen, um dann in der Süßwarenabteilung zu naschen, bis uns der Bauch platzte, und in der Spielwarenabteilung bis zum Morgengrauen mit der elektrischen Eisenbahn zu spielen. 1952 wurde das Warenhaus vom Hertie-Konzern übernommen. Und bei »Hertie« hatte ich im Winter 1988 ein unvergess-

Hertie-Eröffnung, Karl-Marx-Straße, 1952

links: Ehemaliger Hertie-Gebäudekomplex, 2005 *rechts: Ehemaliger Hertie-Gebäudekomplex, 2014*

liches, ein niederschmetterndes Erlebnis. Mein Sohn Sascha und ich hatten meine Mutter in der Treptower Straße besucht und sollten ihr, während sie ein kleines Schläfchen hielt, schnell etwas von Hertie besorgen. Wir also los. Nach zehn Minuten waren wir an Ort und Stelle. Beim Rundgang durch die Abteilungen fiel mir ein, dass ich ja eine neue Hose brauchte. Mein Freund und Kollege Peter Heinrich hatte den Studierenden in der Fachhochschule für Verwaltung und Rechtspflege erzählt, dass ich nur eine einzige Hose hätte, was auch stimmte. Und die war nun mehr als fadenscheinig. Also suchte ich mir eine neue aus und ging damit zur Kasse, meinen 16-jährigen Sohn im Schlepp. Ich bezahle. Eine Gehilfin hat die neue Hose inzwischen in eine Tragetasche gepackt und hält sie mir hin. Ich bin aber noch, vielleicht etwas umständlich, mit dem Verstauen des Wechselgeldes beschäftigt, zeige auf meinen Sohn und sage: »Geben Sie die bitte meinem Träger.« – Sie blickt mich mitleidig an. »Ja, Ihrem Pfleger.«

Als das gute alte Hertie-Kaufhaus dann im Dezember 2005 geschlossen wurde, war mir das schon eine Träne wert.

Aber auch auf der anderen Straßenseite, Hertie gegenüber, gab und gibt es Highlights. Wie oft haben mein Vater und ich vor dem Schaufenster des Fotogeschäfts Pogade gestanden und die neuesten, für uns unbezahlbaren Apparate bestaunt. Mit der Gefährtin meines Lebens, die auch genuine Neuköllnerin ist, habe ich oft im »Café Hellmich« gesessen.

***oben:** Karl-Marx-Straße, Rathaus, »Café Hellmich« und »Pogade«, 1955* ***unten:** Karl-Marx-Straße, 2014*

links: Ehemaliges »Sporthaus Mader«, Anzengruberstraße 2 **rechts:** *Ehemalige Musikalienhandlung, Anzengruberstraße 24*

Ein Stückchen weiter beginnt die Anzengruberstraße. Ludwig Anzengruber, noch ein Schriftsteller, einer aus Wien (1839–1889). Wildenbruch, Anzengruber? Da muss ich mich angesteckt haben. Damals aber war das Interessanteste an der nach ihm benannten Straße das Sporthaus Mader, gleich neben der Post gelegen. Dort haben mir meine Eltern die Fußballschuhe (»Töppen«) für meinen Einsatz beim 1. FC Neukölln und meine Spikes für die Sprints in den Farben von TuS Neukölln und den Neuköllner Sportfreunden gekauft. Mit dem eigenen Taschengeld dagegen habe ich eine Luftdruckpistole »käuflich erworben«. Nicht, um auf Ratten oder Spatzen zu schießen, wie einige meiner Klassenkameraden, sondern bei uns zu Hause in der Treptower Straße auf eine Scheibe. Die wurde auf einem alten Nudelbrett befestigt und im Flur an die Tür zur Abstellkammer gehängt. Nun konnten meine Freunde und ich Olympische Spiele veranstalten. Leider waren einige von ihnen so unbegabt, dass sie nicht nur die Schießscheibe, sondern auch das Nudelbrett verfehlten, und die Tür bald so viele Einschusslöcher aufwies, dass meine Mutter unserem Schießsport ein Ende setzte.

Gegenüber von Mader gab es eine Musikalienhandlung, und in deren Schaufenster stand ein Foto von Caterina Valente, die ich im Jahre 1957 sehr verehrte. Auf dem Weg zur mündlichen Abiturprüfung bin ich dort stehen geblieben und habe gemurmelt: »Bonjour, Kathrin, bring mir Glück!« Das hat sie, und sogar in Mathematik habe ich eine Vier geschafft. Schriftlich allerdings ... Da war mir unsere Mathematiklehrerin freudestrahlend entgegengekommen: »Herr Bosetzky, herzlichen Glückwunsch!« – »Wozu?« – »Sie haben die beste Fünf geschrieben!« Die beste Fünf von fünf Schülern mit einer Fünf – und wir waren nur zehn in der Klasse.

»Bosetzky, setzen, Fünf!« Da haben wir 's wieder.

Für einen alten Neuköllner hat das Wort »Passage« einen magischen Klang. Als hätte man es hier mit einem Tempel zu tun. Mit einer heiligen Kuh ganz sicher. Dabei habe ich die Passage selten als das gesehen und benutzt, was sie laut Brockhaus eigentlich ist: ein Durchgang, hier von der Karl-Marx- zur Richardstraße. Der Kaufmann Paul Daedrich ließ 1908 die vorhandenen Gebäude auf dem Grundstück abreißen und von dem Architekten Paul Hoppe, nach Maßgaben des Stadtbaurat Kiehl, den Passage-Neubau errichten.

»Passage«, Karl-Marx-Straße, 1940

NEUKÖLLNER OPER
NEUKÖLLNER OPER
PASSAGE KINO
DIE ANDERE HEIMAT
DER BUTLER
SEIN LETZTES RENNEN
DER FALL WILHELM REICH
00 SCHNEIDER

Der 1910 fertiggestellte Baukomplex besteht aus zwei, in der Karl-Marx-Straße giebelständigen Vorderhäusern, die durch ein zweigeschossiges Torhaus verbunden sind und deren Seitenflügel sich bis zur Richardstraße erstrecken. Ein fünfgeschossiges, quergestelltes Brückenhaus verbindet im hinteren Grundstücksbereich die beiden Seitenflügel und bildet mit diesen zwei unterschiedlich große, sich zur Karl-Marx-Straße beziehungsweise zur Richardstraße öffnende Höfe. Die Vorderhäuser an der Karl-Marx-Straße und die Seitenflügel waren als Wohnbauten konzipiert.

Ja, und hier hat in den Jahren nach dem Zweiten Weltkrieg meine Freundin Eva Renzi gewohnt, eine wunderschöne Frau und großartige Schauspielerin. Geboren worden ist sie am 3. November 1944 in Berlin als Evelyn Hildegard Renziehausen, gestorben ist sie am 16. August 2005 an Lungenkrebs, ebenfalls in Berlin. Gern sind wir durch Neukölln geschlendert und haben die Stätten unserer Kindheit und Jugend besucht, so – selbstredend – die Passage und die nahe Thomasstraße, wo ihr Vater einen alten Bunker gepachtet hatte, um dort Hummer zu züchten und sie amerikanischen Besatzungsoffizieren zu Höchstpreisen zu verkaufen.

Im »Passage Lichtspieltheater« habe ich in meiner Neuköllner Zeit viele Filme gesehen und mich – um es mit den Worten des hochverehrten Friedrich Luft zu sagen – köstlich unter meinem Niveau amüsiert, insbesondere bei Filmen mit Caterina Valente und Peter Alexander (*Liebe, Tanz und 1000 Schlager, Bonjour Kathrin* und *Casino de Paris*).

Als am 2. September 1988 im Komplex der Passage die »Neuköllner Oper« eröffnet wurde, interessierte mich das nur am Rande. Das lag nicht nur daran, dass ich damals weit weg in Frohnau gewohnt habe, sondern weil ich Opern hasse. Als Hinterhofkind wie als 68er von der FU Berlin waren (und sind) Opern für mich Ausgeburten der hochnäsigen bürgerlichen Hochkultur und kulturelle Verirrungen. Nein, vielleicht gibt es eine viel einfachere Erklärung: Mein Vater, als jugendlicher Geigenspieler der Musik eigentlich zugeneigt, hat sich über die Oper und ihre Sängerinnen stets lustig gemacht. Aus *Gasparone* wurde »Gaspatrone« und auf die Frage nach der bekanntesten Oper bekam

***links:** »Passage«, Karl-Marx-Straße, 2014*

man die Antwort: »Na, Graf Koks von der Gasanstalt.« – »Vati, wer hat die Oper *Elektra* komponiert?« – »Siemens & Halske.« Trat im Fernsehen eine Koloratursopranistin auf, kommentierte er das stets mit dem Spruch: »Gott, muss der die Blase drücken, dass sie so jammert!«

Nichtsdestowenigertrotz (»Bosetzky, das ist Umgangssprache und gibt weiteren Punktabzug!«), also gut: dennoch war ich schon in der Neuköllner Oper, wenn auch nur zur Aufführung einer Operette von Paul Abraham, denn meine Mutter wollte so gern *Die Rose von Stambul* hören und sehen. 2005 muss das gewesen sein.

Die Gegend um die Passage weckt bei mir aber auch noch andere Erinnerungen. Da ist zunächst der benachbarte Saalbau. Dorthin wurden wir als Albert-Schweitzer-Schüler immer geführt, um uns erbauliche Filme anzusehen, etwa *Paul Ehrlich – Ein Leben für die Forschung*. Wesentlich aufgeregter war ich fast 40 Jahre später, 1991, als im Saalbau mein Musical *Heißt du wirklich Hasan Schmidt*? uraufgeführt wurde. Heutzutage eile ich immer wieder gern zu Lesungen in den Saalbau, das heißt, in den »Heimathafen Neukölln«.

Karl-Marx-Straße

links: *Saalbau Neukölln, Karl-Marx-Straße 141*
rechts: *Ehemals »Helmuth Schmidt – Herrenbekleidung«, Karl-Marx-Straße 121*

Kam man von der Ganghoferstraße her und wollte zur Passage, dann kam man an einem Bekleidungsgeschäft vorbei, am Laden von Helmut Schmidt. Ja, aber schrieb der sich wirklich so? Da fällt mir ein, in meiner Sammlung alter Bügel nachzusehen – und es gibt dort wirklich einen, auf dem – schwarz auf heller Beize – zu lesen steht: *Helmuth Schmidt Herrenbekleidung Berlin-Neukölln Karl-Marxstr. 121* – Na bitte. Den kleinen Schreibfehler beim Straßennamen sehen wir dem Händler nach. Warum nun habe ich das alles abgespeichert? Weil … Also, meine Eltern haben es gut mit mir gemeint und mir mein Studium zum erheblichen Teil finanziert. Zudem durfte ich nicht nur bis zur Diplomprüfung zum Nulltarif bei ihnen wohnen und essen, sie haben mir auch meine Kleidung finanziert. Und alle drei Jahre gab es einen neuen Anzug. Meistens beim Herrenbekleider Helmuth Schmidt. Ich war auch sehr dankbar dafür, aber … Da war ich nun 25 Jahre alt, und meine Freunde hatten alle schon einen Beruf, verdienten eine Menge Geld und konnten Frau und Kinder ernähren – und ich war noch immer ein armer Student, der von seinen Eltern abhängig war, und als zukünftiger Soziologe eigentlich nur eine Chance hatte, durchs Leben zu kommen – indem er Taxifahrer wurde. Aber auch das war für meine Mutter kein hinreichender Trost. »Wie denn, du hast ja nicht mal einen Führerschein!« Ja, bei Helmuth Schmidt im Laden stand ich da als totaler Versager, als Loser, wie man heute sagen würde.

Jetzt weiß ich endlich, warum ich Helmut Schmidt, unseren Altbundeskanzler, überhaupt nicht mag.

»Panneck«, 1946

Das Foto muss gleich nach Kriegsende entstanden sein, als es noch keine großformatigen Schaufensterscheiben gab und man mit diesen kleinen Gucklöchern vorlieb nehmen musste. In meiner Kindheit wie nachher in den Fünfzigerjahren war die »Panneck-Ecke« – Karl-Marx-, Ecke Uthmannstraße – sehr schmuck und zeigte an der Fassade stilisierte Koffer und Taschen.

Koffer Panneck war einst eine Institution in Neukölln, etwa so wie heute Konnopke's Imbiss an der Kreuzung Schönhauser Allee / Eberswalder Straße. Doch meine erste Schulmappe, damals Ranzen genannt, haben meine Eltern nicht in Neukölln gekauft, die hat 1944 meine Kohlenoma, die mit Hinz und Kunz bekannt war, »organisiert«. Aber die hellbraune Collegemappe, mit der ich jahrelang in die FU gefahren bin, stammte von Koffer Panneck. Anderes war gar nicht denkbar, auch wenn mein Vater immer sagte: »Ich brauche mir keinen Koffer zu kaufen, ich nehme einen von denen mit, die die Leute überall stehen lassen.«

Jahrelang träumte ich davon, einmal die Tochter eines Geschäftsinhabers vom Format eines Panneck kennenzulernen und zu heiraten. Eines Tages würde dann »Koffer Bosetzky« über dem Eingang stehen und Hunderte würden das jeden Tag sehen und lesen. Ach ja, ohne nun einen Psychiater aufzusuchen: Ein bisschen an histrionischer Persönlichkeitsstruktur und narzisstischer Bedürftigkeit muss schon damals bei mir vorhanden gewesen sein, sonst hätte es mich nicht immer getrieben, Hochschullehrer und Schriftsteller zu werden.

Dass ich als geborener Neuköllner das Abitur geschafft hatte, konnte ich lange Zeit selbst nicht recht glauben, und gleich nach Ende meiner Zeit an der Albert-Schweitzer-Schule zu studieren, wagte ich nicht. Da ging ich lieber erst drei Jahre bei Siemens in die Lehre. Dann aber, im Frühjahr 1960 wurde ich Student der schon damals vor ihrer Exzellenz-Zeit ruhmreichen FU Berlin. Vom Neuköllner Hinterhof zur Wiso-Fak in der Garystraße. Hauptfach Soziologie. Warum gerade Soziologie? Das weiß ich bis heute nicht so genau. Wahrscheinlich weil ich aus einer Familie von Sozialdemokraten komme. Nein. Geschichte, Psychologie und Politologie wären auch möglich gewesen, aber es geschah ganz einfach mit mir. Zu Beginn des ersten Semesters gab es die Empfehlung, uns Gerhard Wurzbachers *Das Dorf im Spannungsfeld industrieller Entwicklung* zu kaufen und mit seiner Lektüre Zugang zu unserem Fach zu finden. Das Geld für seine Anschaffung gaben mir meine Eltern zwar, doch sie weigerten sich, es für mich zu besorgen.

links und rechts: *Ehemals »Koffer-Panneck«, Karl-Marx-Straße, 2013*

Da blieb mir nun nichts weiter übrig, als selbst in die Bickhardt'sche Buchhandlung zu gehen. Wenn da nur nicht die berühmte Schwellenangst gewesen wäre, zurückzuführen wohl auf die posttraumatische Belastungsstörung, ausgelöst durch das »Bosetzky, setzen, Fünf!« Dabei hatte ich seit meinem, sagen wir, neunten Lebensjahr schon eine Unmenge Bücher gelesen, denn die Schränke meiner Schmöckwitzer Oma und meiner Eltern quollen über von solchen, auch bekam ich ständig welche geschenkt. Und seit es ihn gab, waren meine Eltern im Bertelsmann-Lesering und bekamen im Jahr etliche Bestseller per Postpaket ins Haus.

Nun, damals kannte ich den Film *Das Leben ist nichts für Feiglinge* noch nicht, hatte aber schon begriffen, dass man sich halt hin und wieder zusammenreißen musste, und so betrat ich dann eines Tages im Frühsommer 1960 besagte Buchhandlung, verunsichert und gleichsam erschlagen von all dem Gedruckten. Und tatsächlich gelang es mir, den Wurzbacher zu bestellen. Als ich das Buch dann endlich in den Händen hielt, las ich »unter Mitarbeit von Renate Pflaum«, musste erst einmal wegen dieses Namens schmunzeln und ahnte noch nicht im geringsten, wer da als Mitarbeiterin von Gerhard Wurzbacher eine grandiose wissenschaftliche Karriere begonnen hatte: Renate Mayntz-Trier, Soziologie-Professorin an der FU und Grande Dame der europäischen Organisationssoziologie. Bei ihr war ich später einige Zeit Assistent, für sie habe ich viele Beiträge im Sammelband *Bürokratische Organisation* aus dem Englischen übersetzt und in ihrem Stab die erste organisationssoziologische Untersuchung eines Amtes mitgemacht, des Bundespresseamtes in Bonn, habe ihr also unendlich viel zu verdanken.

Liebe Mitmenschen behaupten von mir, ich würde unter einem pathologischen Zwang zum freien Assoziieren leiden, und so ist es kein Wunder, dass ich immer dann an »Gustav Kiessling – Eisenwaren« denken muss, wenn ich vom Fußballer Stefan Kießling (Bayer 04 Leverkusen) höre oder lese.

Wie oft hat mich mein gehbehinderter Vater zu Kiessling geschickt – eigentlich auch mit »ß« geschrieben –, um ein oder zwei Nägel oder Schrauben bestimmter Größe zu kaufen, »käuflich zu erwerben«, wie man damals sagte. Zu Kiessling eilten alle, sogar Waldemar Blödorn, der Freund meines Vaters, der in Rahnsdorf zu Hause war. Baumärkte gab es ja noch keine, und auch

BÜCHER AUS ALLEN
WISSENSGEBIETEN
neu und gebraucht in allen
Preislagen große, Auswahl
in der
BICKHARDT'schen
BUCHHANDLUNG
gegr. 1879 Tel. 62 13 44
Inh. Hans Herfurth
Karl-Marx-Str. 168 und Sonnenallee 83
REICHHALTIGSTES BÜCHERLAGER
NEUKÖLLNS

oben: *»Bickhardt'sche Buchhandlung«, Karl-Marx-Straße 168, um 1950* **unten links:** *Ehemalige »Bickhadt'sche Buchhandlung«, Karl-Marx-Straße 168, 2013* **unten rechts:** *Reklame in der Schüler-zeitung der Albert-Schweitzer-Schule »Die Brücke«, 1957*

links: Gustav Kiessling Eisenwaren, Karl-Marx-Straße 166, um 1960 ***rechts:*** *Reklame in der Schülerzeitung der Albert-Schweitzer-Schule »Die Brücke«, 1957*

das Wort musste erst noch erfunden werden. Es hieß, bei Kiessling gäbe es 1000 Schubladen, und für mich war es immer das berühmte Faszinosum, wie die Gehilfen es schafften, sich da zurechtzufinden. Sie hätten auch jede Berliner Meisterschaft im Leiterklettern gewinnen können.

EISENWAREN · HAUS- u. KÜCHENGERÄTE · WERKZEUGE – so steht es über dem Schaufenster geschrieben, aber haben wir jemals bei Kiessling etwas anderes als Eisenwaren gekauft? Werkzeuge bestimmt nicht, denn mein Vater als gelernter Handwerker hatte alles zu Hause, was man bei Reparaturen und dem Bau meiner Modelleisenbahn benötigte. Und Haus- und Küchengräte? Im Schaufenster sehe ich Küchenherde. Nein, da brauchten wir keine, denn in der Ossastraße hatten wir noch eine gemauerte »Kochmaschine« und in der Treptower Straße stand der Gasherd schon in der Küche, als wir in die Neubauwohnung eingezogen sind. Eine elektrische Kaffeemühle kam für uns nicht infrage, denn wir hatten noch eine, die von Hand betrieben wurde. Höchstens, dass wir einen Brotröster bei Kiessling gekauft haben.

Ich würde ja gerne meine Mutter fragen, aber die liegt seit fünf Jahren auf »meinem« Frohnauer Friedhof.

Das Kennzeichen des Busses »KB 009-225« zeigt uns an, dass das Foto zwischen Mitte 1947 und der Spaltung der Stadt 1949 entstanden sein müsste. 1947 wurden die kyrillischen Kennzeichen von den KB-Kennzeichen abgelöst (KB = Komandantura Berlin), und die BVG-West ließ sich ab 1949 für ihre Busse die Kennzeichen B-V und B-Z reservieren. Der Doppeldeckerbus könnte vom Typ BüD3, Baujahr 1934, sein, die Messerschmitt Kabinenroller wurden aber erst ab 1953 serienmäßig produziert. Gehen wir also davon aus, dass das Foto 1953/54 entstanden ist. Auf dem Zielschild ist nur »Neukölln« zu lesen, und in meiner Erinnerung gab es nach dem Krieg für den 4er drei Endhaltestellen: Finowstraße, Harzer Straße/Brockenstraße und Teupitzer Brücke. Später endeten die Einsetzer (A4E) in der Finowstraße, direkt am Sportplatz an der Sonnenallee. Aber wer will das heute noch so genau wissen? Also verzichte ich darauf, die absoluten Fachleute zu befragen.

Messerschmitt Kabinenroller und Bus, 1953

Wie die 86 – heute 68 – bei den Straßenbahnen meine Schicksalslinie gewesen ist, so bei den Bussen der A4 – später, als man auf das »A« verzichtet hat, der 4er und heute der 104er. Ob von der Ossa- oder der Treptower Straße aus, immer ging es mit dem A4 dorthin, wo man mit der S- und U-Bahn nicht oder viel umständlicher hinkam, so zur FU nach Dahlem, mit umsteigen in den 48er am Innsbrucker Platz. Dort in der Hauptstraße gab es damals eine vergleichsweise riesige Buchhandlung, Ewert und Meurer, und da habe ich beim Warten auf den Bus Richtung Neukölln oft am Schaufenster gestanden und die ausliegenden Romane und Fachbücher betrachtet. Ihr Anblick hat mich irgendwie klein werden lassen, diminuiert, denn die Autoren da, die waren Größen – und ich war nur ein Nichts, das heißt, ein mittelmäßiger Student in einem Fach, der Soziologie, das alle für überflüssig hielten.

Bei der Fahrt zur Uni bin ich oft in der Weserstraße in den A4E gestiegen, den der Haltestellen zwischen Finow- und Wildenbruchstraße, und dort hingen im Schaufenster Heftromane. Da habe ich dann angefangen zu träumen. So etwas müsstest du auch einmal schreiben. Doch was hörte ich im selben Augenblick? »Bosetzky, setzen, Fünf!« Nun hatte ich zwar in Deutsch nie eine Fünf bekommen, aber auch nie mehr als eine 3+, ganz selten nur eine 2–3. Damit, dachte ich, konnte man alles werden, nur nicht Schriftsteller. Obwohl ... Ich hatte ja schon für die Vereinszeitung des TuS Neukölln etwas

links: *Ehemals »Elwert und Meurer«, Hauptstraße 101* ***rechts:*** *Gedenktafel, Hauptstraße 101*

oben: *Innsbrucker Platz, 1952* ***unten:*** *Innsbrucker Platz, 2013*

Karl-Marx-Straße

über unsere Wettkampfreise nach Wunsiedel zu Papier gebracht. Und für meinen Freund Gerhard und mich so manchen Sketch.
Der 4er … Wie oft bin ich mit ihm später zu meiner ersten Frau gefahren, die in der Babelsberger Straße gewohnt hat, und weiter nach Halensee, wo wir beide Tennis gespielt haben. Hinterher mussten wir uns eine Cola und eine Currywurst teilen, so wenig Geld hatten wir. Und wie gern habe ich im Bus immer oben am Fenster gesessen und hinausgesehen, um Berlin in mich aufzunehmen, sozusagen als ein Flaneur im Bus.

Der Kabinenroller … Nein, meine Eltern und alle Verwandten und Freunde besaßen keinen, und ich habe auch nie in einem gesessen, muss aber dennoch immer schmunzeln, wenn ich einen sehe. Der Grund dafür ist ein Streich, den Schüler der Albert-Schweitzer-Schule einem Lehrer gespielt haben: »Bobby« Gent, Geschichte und Französisch. Der hatte sich als einer der Ersten in Berlin einen Messerschmitt Kabinenroller gekauft, um damit sauber, sicher und vor allem trocken zur Schule zu kommen. Im ersten Stock befindet sich das große Lehrerzimmer, und dort sitzt das Kollegium bei einer Zensurenkonferenz zusammen, die bis spät in den Abend andauert. »Bobby« Gent tritt nun nach ihrem Ende auf den Flur hinaus – und sieht seinen Kabinenroller dort stehen.

Ich hatte Geschichte bei ihm und habe ihn als einen sehr liebenswerten und kompetenten Lehrer kennengelernt. Bei unserer Klassenfahrt nach Hof war er für uns verantwortlich. In der Jugendherberge sitze ich neben ihm am Tisch und zerschneide mein zähes Fleisch im »Gulpopo« (gleich Gulasch) so ungeschickt, dass ich ihm seinen schönen hellen Anzug vollspritze. Ich erschrecke mächtig, rechne mit einem »Raus hier, ab nach Hause!«, doch er macht kein Theater, er lächelt nur.

10

RATHAUS NEUKÖLLN

Erbaut worden ist das Rathaus zwischen 1909 und 1914 nach Plänen des Architekten Reinhold Kiehl, dem der Bezirk auch schon »meine« Albert-Schweitzer-Schule zu verdanken hat. Ich kann nicht ganz nachvollziehen, warum ich meinen Sketch zum 100. Jubiläum dieses Rathauses schon am Donnerstag, dem 4. Dezember 2008, 19 Uhr, zusammen mit Frank Ciazynski im großen BVV-Saal vortragen durfte, und dies vor vielen Honoratioren und Gästen, so auch Eberhard Diepgen und Heinz Buschkowsky. Es war eine ehrenamtliche Auftragsarbeit, um die mich der Bezirksbürgermeister gebeten hatte. Geschildert werden sollte die Einweihung des pompösen Baus aus der Sicht des berühmten kleinen Mannes.

Max (Horst Bosetzky) und Fritz (Frank Ciazynski), zwei Männer aus dem Volke, treffen vor dem Rathaus aufeinander, das gerade feierlich eingeweiht werden soll. Die Festgäste strömen herbei. Max trägt ein Brett mit sich herum.

MAX: Hallo, Fritze!

FRITZ: Hallo, Maxe! Na, wie jeht 's, biste wieder aus Dalldorf zurück?

MAX: Siehste ja.

FRITZ: Und – ham se dir det Brett mitjejehm, dette vor 'n Kopp hattest?

MAX: Nee, det hab ick hier int neue Rathaus jeklaut. Weeßte doch: Wer Jott vertraut und Bretter klaut, der hat 'ne billje Laube.

FRITZ: Mann, hättste doch noch ville mehr jeklaut als so 'n blödet Brett. Wat die hier allet für 'n Pomp haben, die janzen Puppen anne

Karl-Marx-Straße, Blick auf das Rathaus Neukölln, um 1960

Fassade. Mit det Jeld, wat se hier vabaut ham, und die janze Steine, hätten wa 'ne janze Wohnsiedlung ham könn'n.

MAX: Det kommt doch alle späta noch, in Britz draußen, det wird sojar Weltkulturerbe.

FRITZ: *(immer mehr staunend)* Mann, ham dir die Seelenklempner 'n neuet Jehirn einjepflanzt, det is ja nich zu fassen!

MAX: Klar, det heißt doch ooch: Wer vom Irrenhaus kommt, ist schlauer.

FRITZ: Vom Rathaus, nich Irrenhaus.

MAX: Det is doch detselbe.

FRITZ: Klar: Doof ist bessa wie pucklich, det sieht man nich so.

MAX: Du hast wohl lange keene Backenzähne jespuckt, wa? *(bohrt sich dabei in der Nase)*

FRITZ: Junge, popel nich so ville, laß noch wat drin für morjen. – Weeßte ooch, wo bei uns in Rixdorf der jrößte Friedhof hinkommen soll?

MAX: Anne Hermannstraße?

FRITZ: Nee, hier, unsa neuet Rathaus is dit: Da werden mal Tausende von Beamten ruhen.

MAX: Haste Jlück, machste dick.

FRITZ: *(verzieht das Gesicht)* Det is det Stichwort: Ick müsste ma dringend.

MAX: Ja, der Morgenschiss, der kommt jewiss, und wenn et spät am Abend is. Aba isset ja noch nich. Jeh doch in 't Rathaus rin. Kannst jleich det Kackhaus da ausprobier'n, ob et ooch bürgernah is.

FRITZ: Da lassen se doch 'n Proleten wie mir nich rin.

MAX: Det müssen se aba. Nacher weih'n se ja det neue Rathaus feierlich ein.

FRITZ: Meinste, ick hab gedacht, die machen so 'n Trara hier – mit Fahnen raus, Musikkapelle und keene Schule, weil ick dahinten inne Ecke gepinkelt habe.

MAX: Man weeß ja nie, wat die Leute jut finden, so 'ne Performance und so 'n kleener See inne Ecke. Bei Beuys is det allet Kunst.

FRITZ: Wenn de von de Baukunst redest: Ick finde det neue Rathaus jedenfalls nich jut. Det is mir zu ville Mittelalter.

MAX: Det Moderne, det kommt schon noch, da kannst beruhigt eenen druff lassen. Wenn ick da an den Potsdamer Platz denke, wat sich da allet ausjetobt hat, oda det neue Rejierungsviertel mit det Kanzleramt, det aussieht wie 'ne Waschmaschine. Da wo der Obama juten Tach saren kommt.

FRITZ: Wat für 'n Oberhammer?

MAX: Barack Obama, der neue Präsident von die USA.

FRITZ: Der Präsident, det ist doch der Theodore Roosevelt.

MAX: Ja, heute, aba nich in hundert Jahre.

FRITZ: Haste Fieba?

MAX: Nee, ick ...

FRITZ: *(fährt herum)* Mensch, haste den Schrei jehört!? Da liegt ja 'ne Frau uff da Straße!

MAX: Sieh da, sieh da, Timotheus, die Olle fällt vom Omnibus.

FRITZ: Vonna Straßenbahn wird se jefallen sein.

MAX: Klar, wenn se aus der U-Bahn gefallen wär', hätten wa det hier oben nich mitjekriecht, und die U-Bahn wird ja hier auch erst am 11. April 1926 eröffnet, ick meine der Bahnhof Rathaus Neukölln.

FRITZ: Und det weeßt du allet!?

MAX: Ja, am 11. April hab ick doch Jeburtstag.
(beginnt fürchterlich zu husten)

FRITZ: Haste ooch noch Motten inne Lunge?

MAX: Nee, aba Lungenhaschee heute jejessen, Bismarcks letzten Husten.

FRITZ: *(schüttelt sich und wechselt das Thema)* Kiek da ma die Fassade hier an, die teure Pracht! Und unsraeens wohnt zu dritt in 'ne feuchte Stube und kratzt den Schimmel vonne Tapete.

MAX: *(fängt an, laut zu wiehern)*

FRITZ: Wat is 'n mit dir, haste wieda 'n Anfall?

MAX: Nee, det is der Amtsschimmel. Für den ham se doch det neue Rathaus hier jebaut, det der 'n schönen neuen Stall hat.

FRITZ: *(schlägt sich mit der flachen Hand gegen die Stirn)* Vastehe: Bei mir zu Hause stinkt der Schimmel, hier wiehert er. Det is der kleene Untaschied.

MAX: Der kleene Untaschied is wat anderet. Aba det kommt erst späta in die deutsche Geschichte, mit die Alice Schwarzer.

FRITZ: Du redest wirr.

MAX: Allet is wirr, nur nenn' se det späta ma Chaostheorie.

FRITZ: Warum warste eijentlich inne Irrenanstalt?

MAX: Weil ick hellsehen kann und weil ick 'n Zauberer bin.

FRITZ: Na, zaubern kann ick ooch – und zwar, det die Luft nach Kacke stinkt. *(Lässt einen fahren)*

MAX: Sau, du!

FRITZ: Proletarier aller Länder verunreinigt euch, weeßte doch.

MAX: Aber 'n Hellseha wie icke bisste nich?!?

FRITZ: Doch ick sehe, det det da hinten unsa Stadtverordneten-Vorsteher is.

MAX: Kunststück. Frag 'n mal, ob er ooch die Drüse hat, die die vornehmen Säcke da alle ham soll 'n.

FRITZ: Wat für 'ne Drüse.

MAX: Na, Mann, die Vorsteherdrüse! Hab ick inne Zeitung jelesen, det it sowat jibt.

FRITZ: Mann, du und Zeitung lesen, du bist doch 'n Anal-Alphabet. *(grüßt einen imaginären Vorüberkommenden)* Guten Morgen, Herr Sander.

MAX: Ah, der Otto Sander! Den kenn ick aus 'm Fülm.

FRITZ: Nee, Hermann Sander.

MAX: Ach der, mit die Straße oben an 'n Kottbusser Damm. Alle unsere Großkopfeten hier kriegen 'ne eigene Straße: der Sander, der Boddin, der Thiemann, der Kiehl, der Ziegra – nur dem Sander sein Stellvertreter nicht, der Vögelke.

FRITZ: Ja, damit se in Berlin nich imma an dit denken, wat se denken, wenn se singen: In Rixdorf is Musike. *(begrüßt einen weiteren Gast)* Ah, da kommt ja ooch der Kaiser.

MAX: *(schreit plötzlich los)* Hurra! Hurra! Hurra! Es lebe Seine Majestät!

FRITZ: Haste 'ne Meise!? Unser Kaiser ist doch uff Nordlandreise, det is unsa Kaiser hier in Rixdorf, unsa Bürjameesta. Curt Kaiser.

MAX: Quatsch, der Bürgermeister, der heißt doch Buschkowsky.

FRITZ: Komm, ich bring da wieda nach Dalldorf. Oda willste diesmal nach Herzberge?

MAX: Der heißt Buschkowsky, ick weeß dit, und die sing'n doch imma:
In Neukölln-Nord, in Neukölln-Nord
Gibt es jeden Tag 'n neuen Mord.
Und wir hätten längst die Anarchie
Ohne Heinz, ohne Heinz, ohne Heinz Bu-huschowskyiiiiiiiiiii!
Wow!

FRITZ: Wer is 'n Wow?

MAX: Det wird der Chinese inne Karl-Marx-Straße sein, der, wo mein Urenkel mit seine türkische Frau imma essen jeht.

FRITZ: Mit seine türkische Frau imma essen jeht??

MAX: Jenau. Ick bin doch Hellseha, ick kann in die Zukunft sehen. Ick weeß, wat wa in hundert Jahren ham.

FRITZ: Ja, det weeß ick ooch ... *(rechnet einen Augenblick)* 2008. Und da feiern se det hundertjährige Jubiläum von det neue Rathaus hier.

MAX: Du weeßt aba nich, wat sonst noch los war hier …
Zwee Kriege hatten wa vorher, und nach 'n zweeten, der mit Hitler und die Nazis, war allet kaputt, ooch det Rathaus und det schöne alte Amtshaus nebenan. Und Rixdorf heißen wa ooch nich mehr, sondern Neukölln.

FRITZ: *(tippt sich an die Stirn)* Spinna du! *(hebt ein Blatt Papier vom Boden auf)* Wat is 'n dit hier? Mensch, die Speisekarte vonnit Festmahl nachher. *(liest)* Krebssuppe und Yorker Schinken mit Blockspargel, Steinbutt mit Kaviarsauce und Böhmischer Fasan, mehrere Dessertgänge … Und unsereens ist froh, wenna 'n paar Kohlrüben zu fressen hat.

MAX: Weeßte nicht, wat Fontane sagen tut: »Wie viel hat das Leben, aber für wie wenige nur.«

FRITZ: Der muss et ja wissen, der Herr von und zu Tane, wo 'a selba 'n Adliger jewesen is.

MAX: Apopo Adel: Kennst den da, der da vorfährt? Det ist der Herr Regierungspräsident von der Schulenburg.

FRITZ: Ick weeß, der aus 'm Schulenburgpark.

MAX: *(hat einen neuen Ehrengast entdeckt)* Mensch, da kommt ja ooch der von Moltke!

FRITZ: Der vom Molkenmarkt?

MAX: Moltke, nich Molke! Der bringt für alle Muftis hier 'n Orden mit, 'n Kronorden und 'n Roten Adlerorden 4. Klasse.

FRITZ: Dit is ja sehr ordentlich. Ick fahre ooch imma 4. Klasse.

MAX: In hundert Jahren ham se bei uns inne Bahn nur noch eene Klasse. – Kiek mal, da kommt ja der Kiehl höchstpersönlich! Den kennste nich, wa?

FRITZ: Klar kenn ick den, nach dem hamse doch det Kiehlufer benannt.

MAX: Da, wo mein Urenkel wohnt.

FRITZ: Und die Sprotten vadanken wa 'm ooch: die Kieler Sprotten. Frisch vonne Nordsee.

MAX: Ham se Kiel jetzt verlegt, is ja janz neu.

FRITZ: Na, See is See, ob nun Nord- oder Ostsee, det scheißt sich weg, und Wogen wer 'n wa hier ooch bald welche ham.

MAX: Meinste wegen dem Klimawandel?

FRITZ: Nee, Wogen der Begeisterung. Wegen det neue Rathaus.

MAX: Is ja ooch mächtig hoch der Turm.

FRITZ: Na, wenn er nich so hoch wäre, wäret ja ooch keen Turm. Und so hoch issa, damit se die Bürga imma im Oooge ham, von wejen Revolution und so. Und janz oben steht die Rieke druff.

MAX: Det is die Fortuna.

FRITZ: Die von Tuna? Is dit eene von die Hofdamen aus 'm Schloß?

MAX: Fortuna, det is die Glücksgöttin.

FRITZ: Haste Glück, machste dick.

MAX: Hör uff mit det Thema! Fortuna is aba ooch der Verein aus Düsseldorf, Fortuna Düsseldorf, 1979 ham se noch Hertha BSC im DFB-Pokal 1:0 nach Verlängerung jeschlagen, jetzt spielen se aba janz weit unten, wenn ooch nich janz so weit unten wie Tasmania. Stell dir ma vor: Neukölln war ooch mal inne Bundesliga. Und wenn Tas Deutscher Meista jeworden wär, denn hätte det Rathaus hier seinen jrößten Tach jehabt.

FRITZ: Maxe, komm nach Hause, eh det mit dir wieda schlimma wird. Und gib mir det Brett. Wenn ick det bei mir vafeuere, ham wa et mal wenijstens eenen Abend 'ne warme Bude zu Hause.
(greift nach dem Brett)

MAX: *(verteidigt sein Brett)* Nee, det jeb' ick nich her, det is meins. Nur üba meine Leiche.

Max und Fritz ziehen und zerren wie verrückt an dem umstrittenen Brett. Da kommt Christian Bärmann, ein Mitarbeiter der Verwaltung (BzBm 5) auf sie zugestürzt und donnert los.

BÄRMANN: Das Brett gehört dem Bezirksamt! Das versteigern wir im Anschluss an die Feierstunde. Ohne den Erlös sind wir pleite. Darum: Her damit! Und: Ende der Vorstellung.
(packt das Brett und verschwindet mit ihm)

Das ist nun auch schon wieder eine halbe Ewigkeit her, und seitdem bin ich nicht mehr im Neuköllner Rathaus gewesen, obwohl es mir Menschen, die es gut mit mir meinen, immer wieder empfehlen. Warum? Weil ich immer wieder stark an mir und meinen Werken zweifle und elegisch auf mein Leben zurückblicke, im Foyer des Rathauses aber die Tafeln mit den Neuköllner Ehrenbürgern, sprich: Trägern der Ehrennadel hängen. Darunter auch die meine, so richtig mit Prof. Dr. Ich kann 's nicht fassen, das darf nicht wahr sein! Nicht wenn man vom Hinterhof und aus der Rütlischule kommt.

Karl-Marx-Straße mit dem Rathaus Neukölln und 104er Bus, ehemals 4er Bus

Aber im Internet steht es auch, dass ich die Ehrennadel am 24. Februar 2007 im Schloss Britz verliehen bekommen habe, und auf der Homepage des Bezirks heißt es: *»Bei der Neuköllner Ehrennadel handelt es sich um die höchste Auszeichnung des Bezirks an Bürgerinnen und Bürger, die sich um den Bezirk Neukölln verdient gemacht haben. Die Auszeichnung wird nur an Bürger außerhalb des politischen Bereichs verliehen.«*

Für einen realistischen und sozialkritischen Roman ist das viel zu kitschig. Nee, ick jloob det allet nich, da könnta mia noch so ville azähl'n!

II

GANGHOFERBAD

Meine Mutter sah mich vorwurfsvoll an. »Alle in deinem Alter können schwimmen, nur du noch nicht!« Ob alle Zwölfjährigen das all around the world damals wirklich konnten, wagte ich nicht mit ihr zu diskutieren, denn für unbotmäßige Bemerkungen »eine gelangt zu bekommen«, gehörte 1950 zum Alltag. Also wurde ich zum Schwimmunterricht angemeldet. Je näher die erste Stunde rückte, desto mehr potenzierten sich meine Ängste. Nicht unbegründet, denn in den Jahren, in denen wir in der Prignitz evakuiert waren, im Dorfe Groß Pankow, das zwischen Pritzwalk und Perleberg gelegen ist, wäre ich zweimal um ein Haar ertrunken. Einmal im Dorfteich, einmal im Flüsschen Stepenitz. Beide Male hat mich Edith, die Tochter des Bauern Blumenthal, bei dem man uns einquartiert hatte, im letzten Augenblick aus den Fluten gezogen.

Ich hatte also ein echtes Trauma vorzuweisen und damit beim Anblick eines Gewässers das Recht auf eine Panikattacke. Warum ich von der keinen

Groß Pankow (Prignitz), Am Mühlenteich, um 1950

Bauernhof Blumenthal, Groß Pankow (Prignitz)

Gebrauch gemacht habe, weiß ich nicht mehr. Vielleicht wollte ich mich nicht blamieren und weitere Minuspunkte bei meinen Eltern ansammeln, vielleicht war es auch nur eine angeborene Schicksalsergebenheit, möglicherweise auch mein Vertrauen in den Bademeister. Der musste im Krieg Feldwebel gewesen sein, wenn nicht Schlimmeres, und ignorierte mich erst einmal eine Weile. Nach einiger Zeit wagte ich ihn anzusprechen.

»Entschuldigung, ich bin hier, um schwimmen zu lernen ...«

»Wat denn, ick dachte, reiten oder bergsteigen. Los, an die Angel!«

Ich bekam einen Ledergurt um die Brust gelegt, der mit einem Seil oben an einer Art Galgen befestigt war, und musste ins Wasser steigen. Ins tiefe Wasser. Da hing ich nun an der Angel – unter mir der Abgrund, unter mir der sichere Tod. Und dem wähnte ich mich ständig nahe, denn entweder drohte ich mit dem Vorderteil vom schmalen Gurt zu rutschen oder aber mit dem Hinterteil.

»Mach Schwimmbewegungen mit deine Arme und deine Beene, dann bleibste ooch üba Wassa!«, höhnte der Bademeister.

Und in der Tat, ich überlebte diese Prozedur. Nach drei Wochen war ich dann weit genug, im Nichtschwimmerbecken zu üben. Dazu bekam ich ein weißes Brett ausgehändigt, an dem ich mich mit beiden Händen festhalten musste. Irgendwann war dann mein Kurs zu Ende, und ich konnte schwimmen, wenn auch nicht so gut, dass man mir ein Freischwimmerzeugnis ausgehändigt hätte. Aber immerhin konnte ich mich über Wasser halten. Wenigstens auf einer Strecke von dreißig Metern und immer mit einem Fuß auf dem Boden der Seen um Schmöckwitz herum. »Kannste schwimmen?« – Ich übte mich in Selbstironie: »Ja, wie 'ne bleierne Ente uff 'm Grund.«

Dann kam der Sportunterricht. Da wurde die Note, im Winter 1953/54 muss es gewesen sein, danach vergeben, wie schnell man in der Gangloferstraße über die 50 Meter war. Ich mochte den Sportlehrer, Herrn Redlich sehr, und er mich auch, weil ich ja ein Ass in Leichtathletik war und für die Albert-Schweitzer-Schule manchen Sieg errungen hatte.

Stadtbad Neukölln, Ganghoferstraße, um 1930

Stadtbad Neukölln, Ganghoferstraße, 2014

Pfiff. »Auf die Startblöcke!«

»Herr Redlich, der Stil ist doch egal?«

»Ja.«

»Dann wähle ich das Rückenschwimmen.«

Damit kletterte ich die Leiter hinunter, schwamm zum Start und klammerte mich an die Spuckrinne.

»Bosetzky, rauf zum Startsprung.«

»Herr Redlich, beim Rückenschwimmen startet man unten vom Wasser aus.«

Wir diskutierten noch eine Weile, doch es half nichts, ich musste wieder nach oben. Auf den Gag, mich nun mit dem Rücken hin zum Wasser aufzubauen, verzichtete ich um des lieben Friedens willen.

Zweiter Pfiff – und Sprung. Ich versank in den Fluten des Stadtbades, bekam Luft in die Lunge – und war mir sicher, nun wirklich zu ertrinken. Zum dritten Mal in meinem Leben. Nein, ich konnte mich noch selber retten, doch als ich dann nach 50 Meter Brust endlich anschlug, hatten meine Klassenkameraden, die mit mir gestartet waren, schon längst geduscht und sich auf den Heimweg begeben.

Ich hätte nie etwas dagegen gehabt, wenn das Stadtbad in der Ganghoferstraße abgerissen worden wäre.

12

HERMANNPLATZ & HASENHEIDE

Kindheit und Jugend in Neukölln sind ohne den Hermannplatz und »Karstadt« schwer vorstellbar, obwohl das Kaufhaus ja streng genommen auf Kreuzberger Boden errichtet worden ist. Als Kinder schauten wir mit großen Augen zu dem imposanten, futuristisch anmutenden Gebäude hinauf und hörten die Leute sagen. »Det is ja wie in New York.« Meine beiden mondänen Tanten – Margot und Gerda – trafen sich mit ihren Freundinnen und Freunden zu Kaffee und

oben: *Reklameschild Karstadt, um 1936* ***unten links:*** *Karstadt am Hermannplatz, 1936*
unten rechts: *U-Bahnhof Hermannplatz, Zugang zum Kaufhaus Karstadt, 1930*
rechte Seite: *Dachterrasse, Karstadt am Hermannplatz, 1930*

Kuchen gern auf dem legendären Dachgarten, lauschten der Kapelle und blickten aus 32 Metern Höhe auf Berlin hinunter. Ich fand den Zugang vom U-Bahnhof aus am schönsten.

Was mich als Knirps aber am meisten faszinierte, waren die vielen Straßenbahnen, die auf dem oder am Hermannplatz hielten und wieder abfuhren, so die 21 und die 47 nach Rudow, die 27 und die 63 nach Buckow, die 48 zum Schulenburgpark, die 95 nach Köpenick und die 98 zum Bahnhof Baumschulenweg. Außerdem kam die 5 am Hermannplatz vorbei, der »Außenring«, und die 4 endete hier. Für einen Straßenbahnnarren wie mich war das ein Paradies, ich bewunderte die »Männer an der Kurbel« und wollte lange Zeit nichts anderes werden als Straßenbahnfahrer.

Am Hermannplatz bin ich auch einmal in die Schule gegangen. Wie das? Ganz einfach: Im Spätsommer und im Herbst 1945 musste die Rütli-Schule, die im Krieg zum Lazarett umgewidmet worden war, erst noch renoviert werden, sodass wir anderen Lehranstalten zugewiesen wurden. Ich durfte in das rote Backsteingebäude gehen, die heutige Theodor-Storm-Grundschule. In den ersten Wochen bin ich noch barfuß zum Hermannplatz gelaufen, denn meine Holzsandalen klapperten zu sehr, und gebrauchte Lederschuhe in meiner Größe konnte meine Mutter erst im September bei einem Kollegen gegen ein paar Kilo Mehl eintauschen, das wir aus Groß Pankow mitgebracht hatten. Wegen der fehlenden Räume gab es Schichtunterricht, das heißt, einmal wurden wir von 8–13 und in der nächsten Woche von 13–18 Uhr beschult, wenn es nicht generell Kälteferien gab. Ich hatte vorher schon die Dorfschulen von Zieko und Groß Pankow besucht und konnte durchaus schon lesen und schreiben und ein bisschen rechnen, doch die Klassenlehrerin der 2a hielt mich irgendwie für debil und wollte mich noch einmal ganz von vorn beginnen lassen. Da aber kämpfte meine Mutter wie eine Löwin für mich (mein Vater war noch in sowjetischer Kriegsgefangenschaft) und setzte durch, dass ich gleich in die zweite Klasse kam.

Karstadt … Nach 1945 wurde das Kaufhaus, bis auf den Teil zur Hasenheide hin ziemlich zerstört, peu à peu wieder aufgebaut, und mehrmals durfte ich oben im Eventraum aus meinen »Kartoffel-Büchern« lesen. Immer vor

oben: *Hermannplatz, 1953* ***unten:*** *Karstadt am Hermannplatz, 2014*

Hermannplatz, Kreuzung Hermannstraße / Karl-Marx-Straße

Karstadt am Hermannplatz

Karstadt am Hermannplatz, Blick von der Hasenheide

einem großartigen Publikum und so begrüßt, dass es ausreichte, die vielen Frustrationen, die das Schriftstellerdasein so mit sich bringt, für eine Weile »abzuwettern«.

Ich habe auch oft bei Karstadt am Hermannplatz eingekauft, zum Glück aber nicht am 6. Dezember 1993, denn an diesem Tag hatte Dagobert dort, um das Kaufhaus zu erpressen, eine Bombe gezündet. 1994 ist dann im Argon-Verlag eine Anthologie von mir erschienen, Titel: *Phantastische Wahrheiten über Dagobert: Zwölf Geschichten um den Kaufhaus-Erpresser*, und da oute ich mich als Dagobert. Zufällig war ich zur selben Zeit an mehreren Orten, an denen er zugeschlagen hatte, und am überzeugendsten war ein Fakt: Am 14. August 1992 scheitert ein Versuch der Geldübergabe. Da sollte der Behälter mit den Scheinen funkgesteuert aus einem Zug fallen – genau vor dem Verlagsgebäude von Rowohlt in Reinbek. Und das war der Verlag, in dem damals meine Kriminalromane, die legendären rororo-Thriller, erschienen sind. Es gab einige Menschen, die meine Geschichte glaubten, und wäre Arno Funke nicht kurz nach Erscheinen des Buches festgenommen worden, hätte die Kripo womöglich vor meiner Tür gestanden. Welch PR-Gag wäre das gewesen!

U-Bahnhof Hermannplatz

Für uns Jungen hatte das Wort Hasenheide einen verheißungsvollen, irgendwie mystischen Klang. Warum wohl? Weil die Eltern, die Großeltern und die anderen Anverwandten von den Abenden schwärmten, die sie in der »Neuen Welt« verbracht hatten. Oder weil das »Resi«, wo es Tischtelefone gab

***oben:** »Neue Welt«, Hasenheide, um 1935* ***unten:** »Neue Welt«, Hasenheide, 2014*

***links:** Hasenheide, im Hintergrund die Kirche am Südstern, um 1950 **rechts:** 2014*

und man die Angebetete schnell einmal anrufen konnte, auch an der Hasenheide gelegen war. Klar, das regte unsere pubertären Fantasien mächtig an.

Wie auch immer, meine ersten Erfahrungen in und mit der Hasenheide waren wenig lustvoll. Im Winter nämlich fand bei den Leichtathleten der Neuköllner Sportfreunde das Ausdauertraining hier im Volkspark statt. Nachdem wir uns in der Schule Karlsgartenstraße umgezogen hatten, ging es los. Ewigkeiten bergauf, bergab. Und das mir, wo bei hundertundeinem Meter schon die Langstrecke begann. Ich quälte mich also gewaltig. Zurückbleiben wollte ich nicht. Der Dunkelheit und der Einsamkeit wegen, wenn der Pulk sich weit und weiter von mir entfernte. Also hechelte ich den anderen hinterher, immer kurz davor zu kollabieren. So schien es mir jedenfalls. Dann war da auch noch das Fach Werken an der Albert-Schweitzer-Schule. Wir hatten Modellflugzeuge zu bauen. Nun komme ich zwar aus einer Handwerkerfamilie und war schon damals ein erfahrener Modellbahnbastler, doch als wir unsere Flugzeuge in der Hasenheide beim Start oben auf einem der Hügel in die Luft warfen, und der Lehrer unten am Hang eine Weite von mindestens hundert Metern erwartete, da schmierte mein Flugzeug schon nach wenigen Metern ab und bohrte sich, als hätte ein Kamikazepilot in seiner Kanzel gesessen, tief in Sand und Gras. »Bosetzky, Fünf!«

Ja, und noch etwas: Früher gab es im Rahmen des Volksfestes auch einen Autoscooter. Ich selbst hätte nie mein knapp bemessenes Taschengeld für eine Fahrt mit »diesem Ding« ausgegeben, doch ich hatte wohlhabende Freunde, Brüder, Söhne eines Arztes, und die spendierten mir alles. Doch als ich dann

oben: *Weg im Volkspark Hasenheide* ***rechte Seite:*** *Trümmerfrau-Denkmal im Volkspark Hasenheide*

in einem dieser bunten Scooter Platz genommen hatte und es losging, machte ich alles falsch, was falsch zu machen war, rammte pausenlos andere Wagen wie auch die Bande, fuhr in Höchstgeschwindigkeit rückwärts und dabei fast den Gehilfen des Betreibers über den Haufen. »Stopp! Du da, raus aus dem Wagen!« Die Spätfolgen dieses Rauswurfs waren immens: Ich habe nie einen Führerschein machen wollen und gemacht.

Gibt es auch schöne Erinnerungen? Ja. Öfters habe ich mit meinen Eltern die Rixdorfer Höhe (67,9 Meter) erklommen. Damals, um 1951/52 herum, ragten die dort gepflanzten Bäume noch nicht in den Himmel und man hatte einen herrlichen Blick auf die Berliner Innenstadt. Dass es sich um einen Trümmerberg handelte, wusste ich, waren wir doch nach dem Krieg gern, wenn jemand vergessen hatte, die Loren richtig anzuschließen, mit der Trümmerbahn Richtung Hasenheide gerollt. Später ist dann das Denkmal für die Berliner Trümmerfrauen dazugekommen. Meine Mutter hatte zwar nie »Steine klopfen« müssen, ich habe aber jene Trümmerfrauen noch heute lebhaft vor Augen. Alle haben sie Kopftücher getragen. Die Islamisten hätten ihre helle Freude an ihnen gehabt.

oben: *Jahn-Denkmal im Volkspark Hasenheide, um 1930* ***unten:*** *Jahn-Denkmal, 2012* ***rechts:*** *Plakat Turnvater Jahn, um 1900*

Und noch ein Denkmal gibt es in der Hasenheide: das für Turnvater Friedrich Ludwig Jahn. Ich habe einen dicken Roman über ihn geschrieben, doch mein Berliner Verleger will ihn nicht veröffentlichen, weil er fürchtet, Beifall von der falschen, der braunen Seite zu bekommen.

Gütiger Gott! Hängen Hasenheide und Hasenfuß irgendwie zusammen? Doch so ohne Weiteres habe ich mich bei meinen Recherchen nicht bis zum Jahn-Denkmal vorgewagt. Nicht einmal am Vormittag, denn die Hasenheide gilt ja heute als bedeutender Umschlagplatz für Drogen. Und vielleicht sehen mir erfahrene Dealer an, dass ich seit Jahren an der Nadel hänge. Im Ernst? Ja, denn als Diabetiker vom Typ 2 muss ich mehrmals am Tag Insulin spritzen.

13

KNEIPEN

Um eines gleich festzustellen: Mein Vater war kein Kneipengänger, und ich musste ihn nie im Auftrage meiner Mutter dort herausholen.

Als junger Mann in Kreuzberg (SO 36) ist das anders gewesen, da hat er viele Abende in den Destillen rund um die Manteuffelstraße zugebracht. Dies nicht des Biergenusses wegen, sondern um der Tristesse seines Elternhauses zu entfliehen, um mit Freunden Skat zu spielen, aber auch aus politischen Gründen, denn die SPD tagte zumeist in umliegenden Lokalen.

Nach dem Krieg wurden wir Jungen bei größeren Familienfeiern immer in eine Kneipe in der Weichselstraße geschickt, um frisches Bier in einem alten grünlichen Siphon zu holen. Das war billiger als das Flaschenbier vom Kolonialwarenhändler. Öffneten wir die Tür zum Gastraum, prallten wir zurück, denn der ätzende säuerliche Geruch und der Qualm unzähliger Zigaretten erschienen uns unerträglich. »Achtung, Giftgas!«, rief denn auch einer meiner Freunde.

Warum ich mir dennoch gewünscht habe, dass in dieses Buch auch das Foto einer Kneipe kommt? Weil sie mich an meine Zeit bei den Neuköllner Sportfreunden wie an meine ersten Jahre in der SPD erinnern.

links: *»Kindl-Eck«, Ecke Weser-/Weichselstraße*

rechts: *Sportkneipe vom 1. FC Neukölln, ehemals »Thiemann-Eck«, Ecke Thiemannstraße/Sonnenallee*

GASTSTÄTTE
JÄGER

DER WOHNUNGS AUFLÖSER
0173 - 20 30 144

Nach jedem Training und nach den Wettkämpfen war es bei uns Leichtathleten ein lieb gewordenes Ritual, irgendwo einzukehren und eine Sportmolle zu trinken, also eine Fassbrause. Obwohl die absolut alkoholfrei war, verhielten wir uns manchmal so, als hätten wir einige Promille im Blut gehabt. So hoben wir einmal zu sechst den nahebei geparkten Leukoplastbomber unseres Abteilungsleiters an und trugen ihn zwischen zwei Straßenbäume. Vorn und hinten waren keine zwei Zentimeter Platz mehr. Er saß fest und musste uns anflehen, seinen Kleinwagen (»Wer den Tod nicht scheut, fährt Lloyd!«) wieder auf den Fahrdamm zu heben. »Ja, aber nur, wenn du einen ausgibst!« Damit war keine Lage Bier und Schnaps gemeint, sondern noch ein Glas Fassbrause mitsamt einer Bockwurst.

Auch die Neuköllner SPD ist ohne Kneipen und ihre Hinterzimmer nicht zu denken. An drei kann ich mich erinnern, eine in der Rosegger-, eine in der Wildenbruch-, Ecke Schandauer und eine an der Ecke Treptower und Harzer Straße. Anderthalb Jahre brauchte die Partei, um meinen Aufnahmeantrag zu prüfen, denn ich kam von der FU und man hatte Angst, dass wir Linken Neukölln unterwandern wollten. Natürlich war das unser Ziel – und bald war es uns auch gelungen, teilweise jedenfalls. Ich brachte es bis zum Schriftführer meiner Abteilung und durfte an den Kreisdelegiertenversammlungen teilnehmen. Daraufhin beschloss ich, kein Politiker zu werden, so schrecklich waren diese Zusammenkünfte. Nur Elternversammlungen sind noch schlimmer, was ich aber damals noch nicht wusste.

Natürlich rechneten die Wirte damit, dass wir in den Hinterzimmern Bier auf Bier bestellten, und mir als armem Studenten war es immer peinlich, mich den ganzen Abend über an einer Cola »festzuhalten«. Dafür verspielte ich dann nach dem Gang zur Toilette meine letzten Groschen an den aufkommenden Automaten oder am Flipper.

links oben: *SPD-Kneipe »Jägerheim«, Ecke Wildenbruch-/Schandauer Straße, 2007*

links unten: *Ehemalige SPD-Kneipe »Jägerheim«, Ecke Wildenbruch-/Schandauer Straße, 2014*

14

FUSSBALL & FLUGHAFEN TEMPELHOF

Ich bin ein echter Straßenfußballer, und hätte ich eine große Karriere gemacht, würde ich damit kokettieren. Angefangen hat es in der Rütli- und der Ossastraße. Gleich nach Schulschluss haben wir angefangen zu kicken, wobei wir unsere Schulranzen zu Torpfosten aufhäuften. Den beiden anerkannt besten Fußballern fiel die Aufgabe zu, zwei Mannschaften zusammenzustellen. Das begann mit »Tipp-Topp«. Dabei gingen die beiden aufeinander zu, indem sie ihre Schuhe – links, rechts – Hacken an Spitze setzen. Verloren hatte der, der seinen Fuß nicht mehr in die letzte verbleibende Lücke zwängen konnte. Glücklich waren die Klassenkameraden, die schnell herbei gewinkt wurden, arme Schweine die beiden, die zuletzt gewählt wurden. Zu denen gehörte

Sportplatz am Hertzbergplatz, 1. FC Neukölln 1895 e. V.

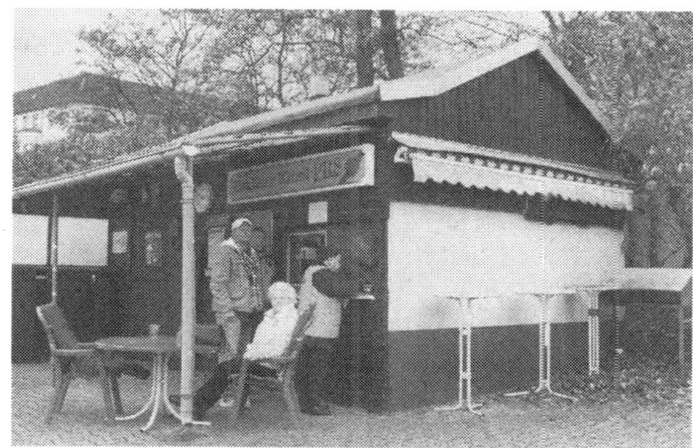

links: Hinweisschild am Sportplatz **rechts:** *Erfrischungsbude auf dem Sportplatz am Hertzbergplatz*

ich gottlob nie, denn zum einen war ich ein mehr als guter Torwart, der »hechtete« wie kein Zweiter, und »draußen« war ich trotz meiner begrenzten technischen Fähigkeiten auch noch brauchbar. In Klammern: Man stelle sich vor, die Vereine der 1. Bundesliga würden heute nach diesem Verfahren gebildet.

»Willst du nicht mal in einen Verein eintreten?«, wurde ich nun von meinen Eltern wie den übrigen Verwandten und auch Freunden immer wieder gefragt.

Ja, warum nicht. Zumal man ohne Verein unmöglich Nationalspieler werden konnte. Von der Ossastraße bis zum Sportplatz am Maybachufer war es nur ein Katzensprung, und so lag es nahe, in einen der dort spielenden Vereine einzutreten. Doch da kannte ich niemanden, bei mir in der Rütlischule aber spielten zwei Klassenkameraden beim 1. FC Neukölln von 1895. Und denen schloss ich mich dann an. Das Vereinslokal von »95« lag an der Ecke Weser- und Treptower Straße, und von der Ossastraße 39 bis zum Hertzbergplatz waren es knappe zwei Kilometer, immer die endlose Weserstraße entlang.

Wie gesagt, ich war ein sehr guter Torwart, und schnell kam ich in die erste Mannschaft der B-Jugend. Das Problem war nur, dass wir zu gut waren – einige meiner Kameraden schafften es später sogar in die Teams von Berliner Spitzenvereinen wie Tennis Borussia – und ich eigentlich nie einen richtigen Ball aufs Tor bekam. Als mein Vater bei einem Spiel auf dem Hertzbergplatz einmal zusah, wurde er energisch. »Du sollst dich beim Sport bewegen und

Juniorenmannschaft des 1. FC Neukölln, Training auf dem Innplatz, Innstraße

nicht eine Stunde lang unbeweglich rumstehen. Von nächster Woche an spielst du draußen!« Ich war artig, fügte mich und agierte von da ab als rechter Verteidiger oder Außenläufer.

Anfangs borgte ich mir die Fußballschuhe, die »Töppen«, von meinem Onkel Helmut, der seine Karriere beim BBC Südost an sich beendet hatte. Als er wegen der Verletzung seines Nachfolgers auf dem Linksaußenposten doch wieder ran musste, blieb mir nichts weiter übrig, als mit meinen braunen Winterstiefeln zu spielen. Gott, wie das aussah! Peinlich hoch drei. Zu Ostern bekam ich dann endlich eigene Fußballschuhe geschenkt.

So schlecht war ich gar nicht und schoss auch bald gegen Cimbria 1900 mein erstes und einziges Tor, aber die anderen waren halt große Klasse, und so sagte der Trainer eines Tages zu mir: »Das einzige, was du kannst, ist schnell laufen. Am besten, du gehst in einen Leichtathletikverein.« Was ich dann auch tat – und zwar entschied ich mich für den TuS Neukölln von 1865, weil meine Mutter dort in der Hausfrauenabteilung Mitglied war.

Natürlich standen wir auch auf den niedrigen Rängen des Hertzbergplatzes, wenn unsere erste Männer-Mannschaft in der damals höchsten Berliner Liga gegen namhafte Gegner spielte. Schön war es anzusehen, wie Wolfgang Mönch, der Sportreporter des RIAS, auf dem Dach von Umkleidekabine und Sport-Kasino stand und ins Mikrofon schrie. Später, als wir Studenten waren, schlenderten Gert Regenspurg, mein ältester noch lebender Schulfreund, und ich am Sonntag oft durch das morgendliche Neukölln und machten halt am Hertzbergplatz, um den unteren Mannschaften zuzusehen – und gehörig zu lästern. »Nach dem Foul da – der hat jetzt bestimmt 'ne Gehirnerschütterung.« – »Ach, Unsinn, so wie der aussieht, ist bei dem nichts im Kopf drin, was zu erschüttern wäre.«

Nun, die Zeit bei »95« werde ich nie vergessen, und wenn heute Eintracht Braunschweig und die schwedische Nationalmannschaft auf dem Bildschirm zu sehen sind, dann jubele ich ein jedes Mal, wenn sie ein Tor schießen und gewinnen. Warum? Weil sie in denselben Farben spielen, wie wir damals: gelbes Hemd, blaue Hose.

Ehemalige Nationalsozialistische Volkswohlfahrt (NSV) von 1933–1945, Maybachufer 48–51

Lohmühlenbrücke über den Neuköllner Schifffahrtskanal, links die Lohmühlenstraße, rechts die Harzer Straße

Dies ist ein Gebäude, das ich noch heute mit einigem Schrecken betrachte. Dabei hat es mit ihm ganz bieder angefangen, denn hier hat Pfaff einst seine Nähmaschinen gebaut, und mein Urgroßvater August Quade und sein Sohn Albert, beides Tischler, haben hier die hölzernen Untergestelle gebaut. Dann aber … Als im Krieg die alliierten Luftangriffe auf Berlin immer häufiger und immer heftiger wurden, beschlossen die Nazis, uns Kinder in den Kellern der ausgedehnten Fabrikgebäude in Sicherheit zu bringen. Fünf Jahre alt war ich damals, zum ersten Mal nachts getrennt von den Eltern. Meine Mutter saß im Luftschutzkeller in der Ossastraße, mein Vater in dem des Reichspostzentralamtes (RPZ) in Tempelhof, ich bei Pfaff. Für das Entstehen posttraumatischer Belastungsstörungen war von der Volkswohlfahrt reichlich gesorgt.

Später sah ich besagtes Bauwerk mehrmals in der Woche vor mir aufragen, denn östlich von ihm erstreckt sich der Sportplatz Maybachufer. Auf dem spielten wir Kinder Fußball und übten unseren Leib im Schulfach Sport, und später trainierte ich als Leichtathlet auf seiner Aschenbahn, erst im blauweißen Trikot des TuS Neukölln, dann in der weiß-roten Kleidung der Neuköllner Sportfreunde (NSF). Und in der bin ich dann 1956 mit 11,1 Sekunden schnellster jugendlicher Hundertmeterläufer Berlins geworden. Fragt mich jemand nach dem größten Erfolgserlebnis meines Lebens, verweise ich, wenn auch mit einigem Zögern, auf diesen Fakt. Das Zögern rührt daher, dass sich, daran anschließend, mein großer Traum nicht erfüllt hat, einmal Deutscher Meister zu werden, wenn nicht gar mehr.

Sportplatz Maybachufer, Eingang Pflügerstraße

Sportplatz Maybachufer

Gleich nach dem Krieg, das wäre noch nachzutragen, wurde auf dem zur Pflügerstraße hin gelegenen Teil der Sportanlage Obst und Gemüse angebaut. Alles war fein parzelliert, so wie wir es von den Bildern aus dem Tiergarten kennen. Und auf dem Fußballfeld standen keine Tore. Warum? Weil Pfosten und Latte aus Holz sind – und dieses Holz herrlich brennt. Wir Kinder brauchten keine solchen Tore, wir nahmen unsere Schulmappen und herumliegende Klamotten als Pfosten, aber die bezirklichen Sportgruppen brauchten sie für ihre Meisterschaftsspiele (Vereine wurden erst später wieder zugelassen). Was machte man da? Der Platzwart grub auf jeder Spielfeldseite im Abstand von etwa 2,50 Meter zwei Löcher in den Boden und kleidete sie mit Steinen aus. Jede der gegeneinander antretenden Mannschaften hatte dann vor Spielbeginn jeweils zwei Pfosten und eine Latte aus einem Vereinslokal in der Pannierstraße heranzuschleppen und ein Tor ordnungsgemäß aufzubauen, das heißt, die beiden Pfosten im Boden zu versenken und die Latte oben festzuschrauben. (An Tornetze war nicht zu denken.) Das mit dem vorgeschriebenen Abstand zwischen den Innenkanten der Pfosten (7,32 Meter) klappte eigentlich immer, anders aber war es mit der Höhe des Tores. Laut FIFA hatte die Querlatte genau 2,44 Meter vom Boden entfernt aufzuliegen, bei uns waren es aber oft 15 bis 20 Zentimeter mehr. Wie das? Weil wir Kinder Steine in die Öffnungen geworfen hatten, und die konnte und wollte vor dem Spiel niemand mehr herausklauben. So gab es bei uns immer mehr Tore als woanders. Nach dem Spiel wurden die Tore wieder abgebaut und in die Pannierstraße zurückgetragen.

Und noch etwas fällt mir ein, wenn ich an das Maybachufer denke. Am anderen Ufer des Landwehrkanals, an der Ratiborstraße, gab es das allseits beliebte Studentenbad, wo wir aber während des Schulsports nicht hin durften. War der Lehrer aber einmal abgelenkt, dann liefen wir Rütli-Schüler zum Ufer, denn hier wurde auf einer Art Steg ein dickes Rohr über den Kanal geführt – und auf den kletterten die mutigsten meiner Klassenkameraden und sprangen in die trüben Fluten hinunter. Ich nicht, sonst wäre ich schon im zarten Alter von elf Jahren auf den Friedhof in Baumschulenweg gebracht worden.

Frage: Warum hat mich die Züllichauer Straße schon als Junge irgendwie magisch angezogen? Antwort: Weil in Züllichau/Unterweinberge mein Vater am 24. Januar 1906 auf die Welt gekommen ist. Zu Züllichau, heute Sulechów,

oben: *Züllichauer Straße, links Rückseite des Friedhofs IV der »Jerusalems- und Neuen Kirche«, rechts Sportplatz* **unten:** *Steg über den Landwehrkanal, Verbindung vom Maybachufer zur Ecke Ratiborstraße/Paul-Lincke-Ufer*

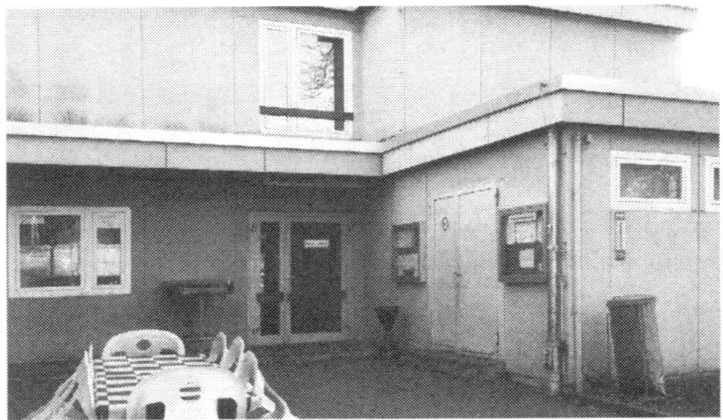

oben: *Sportplatz Züllichauer Straße* ***Mitte:*** *Vereinshaus*
unten: *Tribüne und Vereinshaus*

gehört auch der Ortsteil, in dem er dann aufgewachsen ist: Cigacice, zu seiner Zeit Tschicherzig, von 1937 bis 1945 Odereck. Das ist da, wo sich – so klang es im Heimatlied – die »Oder im hohen Bogen ins Brandenburger Land ergießt«, also am Oderknie, an dem sich der Fluss nach Westen wendet. Am 30. September 2010 bin ich mit Freunden aus Eichwalde und Kladow dort gewesen, in der Woiwodschaft Lebus, und auf den Spuren meines Vaters gewandelt. Es war ein unvergessliches Erlebnis. Die Polen, mit denen wir gesprochen haben, waren überaus nett zu uns, nur auf die Frage, wo es denn ein typisch polnisches Restaurant in Sulechów/Züllichau gebe, wussten sie keine Antwort. So haben wir denn bei einem Inder gegessen.

Von Züllichau zur Züllichauer Straße. Warum war das kleine Stadion dort für uns fußballnärrische Jungens aus der Ossastraße so eminent wichtig? Weil alle anderen Plätze, auf denen Vereine der obersten Berliner Spielklasse, der Stadtliga, kickten, in weiter Ferne lagen und nur mit den öffentlichen Verkehrsmitteln zu erreichen waren. Und das Fahr- beziehungsweise Taschengeld für solche innerstädtischen Reisen hatten wir nicht. Blieb nur die Züllichauer Straße mit dem SC Südring. An Tasmania 1900 (Neuköllner Stadion) und den 1. FC Neukölln (Hertzbergplatz) als Berliner Eliteklubs war damals noch nicht zu denken. Von der Haustür bis zum Stadioneingang sind es nur drei Kilometer, mir schienen es aber gut und gerne dreimal so viel zu sein. Ehe mir jemand eine E-Mail schickt: Ich weiß, dass es die alten Vereinsnamen nach dem Krieg nicht wieder geben durfte und die Vereine den Namen ihrer Ortsteile trugen, in denen sie zu Hause waren, so spielten zum Beispiel die SG Charlottenburg gegen die SG Mariendorf und die SG Stadtmitte gegen die SG Osloer Straße.

Vereinslogo, S.C. Berliner Amateure 1920 e.V.

Im Stadion an der Züllichauer Straße fußballerte der SC Südring einmal, kaum zu glauben, gegen den VfB Pankow. Der Ostberliner Verein, gegründet schon 1893, hatte sich mit der Stadt gespalten: In die SG Einheit Pankow, die in Niederschönhausen (Ost) zu Hause war, und den VfB Pankow in Reinickendorf (West) mit dem Vereinslokal in der Wollankstraße 100. Der Torwart der West-Berliner Pankower wurde ein großes Vorbild für mich. Gneist hieß er.

An seine Großtaten zwischen den Pfosten erinnere ich mich ebenso wie an die Szene, wo einem Südringspieler bei einer stürmischen Attacke des Gegners die rote Hose an der Seite aufgeschlitzt wird und er sie wechseln muss. Das tut er an der Seitenlinie, vergisst aber dabei, dass er keine Unterhose anhat. Gekreische auf der Tribüne.

Ja, und als mein Vater dann aus der sowjetischen Kriegsgefangenschaft heimgekehrt war, habe ich die Spiele des SC Südring nicht mehr mit meinen Kameraden aus der Ossastraße besucht, sondern mit ihm. Da er eine steife Hüfte aus der UdSSR mitgebracht hatte, durfte jetzt mit der Straßen- und der U-Bahn gefahren werden, bis Hasenheide. Während der Luftbrücke (24. Juni 1948 – 12. Mai 1949) schauten wir immer wieder zum nahe gelegenen Flughafen hinüber, um zu verfolgen, wie die Rosinenbomber landeten und entladen wurden. Das war oft spannender als das Gekicke auf dem Platz.

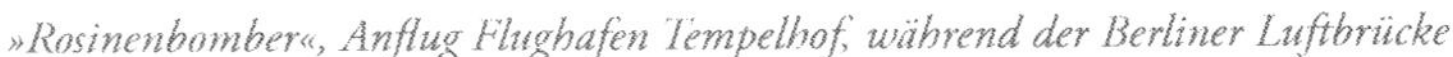

»Rosinenbomber«, Anflug Flughafen Tempelhof, während der Berliner Luftbrücke

Flughafen Tempelhof, Luftaufnahme, 1939

Wo fange ich da an? Vielleicht zitiere ich noch einmal Fontane: »*Wie viel hat das Leben, aber für wie wenige nur.*« Was Verfilmungen betrifft, da gehöre ich leider nicht zu den gemeinten wenigen. Da sind derart viele Projekte gescheitert, dass ich schon den Willen der höheren Mächte dahinter vermute, so eine Krimi-Serie mit meinem Kommissar Hans-Jürgen Mannhardt, den Otto Sander spielen sollte, aber auch die Co-Produktion eines Münchener Produzenten mit Hollywood nach meinem Roman *Von oben herab* – und der spielt zu großen Teilen auf dem alten Flughafen Tempelhof. Jammerschade. Und wenn es dann einmal mit einem Film geklappt hat, dann dieses ...

Ich soll für das ZDF eine Komödie schreiben, eine mit viel Liebe und Krimi-Elementen. Das tue ich dann auch. Der Titel: *Happy End durch drei.* Grandios der Anfang, noch grandioser die Szene am Ende – beide von mir angesiedelt auf einer wunderschönen griechischen Insel, weil der Protagonist ein Grieche ist, der dort ein kleines Restaurant betreibt. Und was macht das ZDF: Es verlegt den Drehort aus Kostengründen nach Berlin – in die, es ist nicht zu fassen!, Einflugschneise des Flughafens Tempelhof. Als der Film 1992 ausgestrahlt wird, kommentiert Der Spiegel das Ganze in seiner Ausgabe 20/1992

links: Flughafen Tempelhof, PAN AM-Crew, um 1950 **rechts:** *PAN AM, Landung über die Oderstraße, um 1950*

wie folgt: *»Als der Berliner Soziologie-Professor Horst Bosetzky sich noch hinter dem Kürzel -ky verbarg, vermuteten manche dahinter einen berühmten Kriminalautor. Nun schrieb der Amateur-Dichter, diesmal unter seinem vollen Namen, eine Liebesgeschichte für das ZDF – und bewies damit, daß er als Drehbuchautor nicht zu den Großen zählt: Sein Stück handelt einzig davon, daß sich eine Frau (Annett Kruschke) nicht so recht zwischen zwei Männern entscheiden kann.«* Wie schrieb mein größtes Idol, wie schrieb Theodor Fontane einmal: *»Hundert Nadelstiche regen mehr auf als ein Kolbenstoß.«* Aber das hier war ja wohl schon ein richtiger Kolbenstoß aus Hamburg und nicht der 42. Nadelstich. Was zeige ich doch für menschliche Größe, dass ich den Spiegel noch immer lese.

Warum an dieser Stelle immer wieder Fontane? Das muss daran liegen, dass unweit des Flughafens die Fontanestraße verläuft.

Zurück zur Einflugschneise. Befand man sich in einer Maschine der PAN AM oder der British European Airways (BEA) im Anflug auf Tempelhof, schwebte man die letzten hundert Meter über die Gräber des St. Thomas-Friedhofs hinweg. Und dies bei meiner damals therapiebedürftigen Flugangst. Immer hatte ich das Bild vor Augen: Unsere Maschine stürzt ab, mitten in das Gräberfeld hinein.

Günter Lamprecht berichtet in seinen Jugenderinnerungen *»Und wehmütig bin ich immer noch«*, wie er zur Blockadezeit am oberen Ende der Leinestraße gewohnt und das *»regelmäßige Brumm-Konzert der Rosinenbomber, ohrenbetäubend«* genossen hat.

oben: *Landeanflug, Einflugschneise über den St. Thomas-Kirchhof II, 1950*
unten: *Ehemalige Einflugschneise über den St. Thomas-Kirchhof II, 2014*

Als wir, 2010 muss es gewesen sein, in der Oderstraße am Zaun stehen und auf den Flugplatz schauen, erzählt er mir, wie er gleich nach dem Krieg mitgeholfen hat, die Landebahn zu verlängern.

Apropos, Rosinenbomber: Noch heute schicke ich ein Dankgebet in Richtung USA und umarme den wackeren General Lucius D. Clay für die Einrichtung der Luftbrücke. Schrecklich der Gedanke, dass wir West-Berliner vom Sowjetimperium geschluckt worden wären. Darum ist der Flughafen Tempelhof für mich eine heilige Kuh, die niemals hätte geschlachtet werden dürfen, und so habe ich nicht nur beim Volksentscheid vom 27. April 2008 gegen seine Schließung gestimmt, sondern bin auch zu einer Protestlesung angetreten. Leider war ja alles vergeblich.

Immer wieder laufe ich jetzt die Rollbahnen entlang – auch wieder mit einer gewissen Angst, denn wenn der Wind den Lärm herüber weht, den die Maschinen machen, die von Schönefeld aus starten, dann denke ich, Tempelhof ist doch wieder in Betrieb genommen worden – und gleich wird mich ein Airbus erfassen.

»Bosetzky, es geht hier um Ihre Jugendjahre! Sie verfehlen das Thema!«

»Gut. Also ...«

Die Oderstraße ... Wie oft bin ich sie entlang gelaufen. Nicht in ihrer ganzen Länge, sondern nur das Stück von der Warthestraße zum Neuköllner Stadion, heute Werner-Seelenbinder-Sportpark. Als kleiner Junge von der Ossastraße aus, wenn es auf der 500-Meter-Betonbahn Radrennen gab, und als Jugendlicher von der Treptower Brücke aus. Anfangs, um Tasmania 1900 spielen und siegen zu sehen, später als Leichtathlet zum Trainieren. Schön, ich konnte auch mit der S-Bahn fahren, aber die Fußwege von zu Hause zum Bahnhof Sonnenallee und vom Bahnhof Hermannstraße zum Stadion ergaben in der Summe fast so viele Kilometer wie der direkte Weg. 2,9 Kilometer. Nicht viel, aber legte ich sie vor dem Training zurück, bestand die Gefahr, beim Sprint nicht mehr spritzig genug zu sein, und nach dem Training war ich dann so erschöpft, dass es meist eine Qual war, ans rettende Ufer des Neuköllner Schifffahrtskanals zu gelangen.

oben: *Berliner Luftbrücke an der Oderstraße, 1948* ***unten:*** *Flughafen Tempelhof, Flugfeld an der Oderstraße, 2014*

15

KREUZBERG

Hier hatte meine Kohlenoma Anna Bosetzky (mit y und nicht mit i hinten, wie es im amtlichen Adressbuch von 1943 zu lesen ist) ihren Kohlenkeller. Schon als Kind lernte ich die einzelnen Sorten zu unterscheiden: Briketts (von der Marke Troll), Steinkohle, Eierkohlen, Anthrazit und Koks (ganz früher Coacs geschrieben). War ich im Kohlenkeller zu Gast, machte ich mich sofort daran, Briketts in die Kästen zu stapeln, die später von den Kohlenträgern zu den Mietern gebracht wurden. Etwas weniger als 100 waren es, die hineinpassten, aber soweit konnte ich damals noch nicht zählen.

Nicht nur die Kleidung meiner »anderen Oma« roch nach Braunkohle, dieser dumpfe Geruch steckte ihr auch in jeder Pore. War sie längere Zeit bei uns zu Besuch, musste immer erst eine Weile gelüftet werden.

Ihre Wohnung hatte meine Kohlenoma in der 1. Etage des Mietshauses Manteuffelstraße 33. Man kam vom Treppenhaus direkt ins Wohn- und Schlafzimmer, einen Korridor gab es nicht. Ich fand das immer komisch, noch

Berliner Adressbuch von 1943 (Auszug)

—Otto Maschinenführ Steglitz Am Fenn 9
Bosetzky Emil Lebensmittel SW 61 Hornstr 14
Bosetzki Anna Kohlenhdlg SO 36 Manteuffelstr 33
—Karl Fräser O 34 Thaerstr 60
Bosetzky Otto TelegrBauhandwNeuköllnOssastr 39
Boshеck Margarete Verkäuf Reinickendf Berenhorststraße 8
Boshold PaulKaufm CharlbWilmersdorferStr 18
—Robert Rentner Charlb Maikowskistr 17
Bosiaski Valentin Steuerwachtmstr NW 40 Alt Moabit 16

oben: *Manteuffelstraße 33, Kreuzberg, 2014*

unten: *»Kohlenhandlung Auguste Gründler«, Friedrichshain, 1911*

mehr aber, dass die Toilette, besser: das Plumpsklo unten auf dem Hof gelegen war. Das führte dazu, dass bei Familienfeiern alle, denen die Blase drückte, in die Küche gingen. Die Männer lenkten ihren Strahl direkt in den Ausguss, die Damen schalteten einen Aufwischeimer dazwischen. Ich wurde in die Höhe gehoben.

oben: *Berlin, 1943* ***unten:*** *U-Bahnhof Görlitzer Bahnhof, Hochbahn der U-Bahnlinie 1, Ecke Skalitzer-/ Manteuffelstraße*

Dann kam der 3. Februar 1945, und es gab einen schweren Bombenangriff auf Berlin. Ganze Straßenzüge wurden verwüstet, es gab unzählige Brände, Tausende von Toten lagen unter den Trümmern. Die Häuser Manteuffelstraße 33 und 34 erhielten Volltreffer. Im Keller meiner Kohlenoma gerieten dreihundert Zentner Kohlen in Brand. Ihr Luftschutzkeller hatte standgehalten und ihr und den anderen Hausbewohnern gelang es, sich durch einen Durchbruch zu einem Mietshaus in der Waldemarstraße zu zwängen und in Sicherheit zu bringen. Befreundete Nachbarn halfen ihr dann, aus ihrer Wohnung zu retten, was noch zu retten war und hinunter auf die Straße zu tragen: ihr Bett, das Sofa, die Läufer, einige Kleider, die Nähmaschine, das Radio ihres jüngstes Sohnes und dessen Plattenschrank. Einiges wurde ihr aber von ehrbaren Volksgenossen gleich wieder gestohlen.

Als sie ausgebombt worden war, zog meine Kohlenoma in unsere Wohnung in der Ossastraße, denn meine Mutter und ich waren ja nach Groß Pankow evakuiert worden und mein Vater stand als Soldat an der Ostfront. Nach dem Krieg fand sie dann eine Wohnung in der Nummer 36, vorne raus und mit einer Innentoilette, die sie sich zwar mit zwei anderen Frauen teilen musste, aber immerhin. Auch wenn sie nun keine Kohlenhändlerin mehr war und nicht mehr hoffen konnte, dass die anderen Gewerbetreibenden ihre Brennmaterialien bei ihr kauften, musste ich, ging ich für sie einkaufen, in den Geschäften immer ihren Namen nennen. »Bitte zwei Schrippen für Frau Bosetzky.«

Oft und gern habe ich sie besucht und mit ihr *»Mensch-ärgere-dich-nicht«* gespielt. Von der Albert-Schweitzer-Schule in der Karl-Marx-Straße bin ich meistens am Sonnabend zu ihr in die Manteuffelstraße gelaufen. Da sah ich dann schon von der Skalitzer Straße aus ihren weißen Schopf im Fenster aufleuchten. Vor dem Fernsehzeitalter legten sich die älteren Damen gern ein Kissen in den Fensterrahmen und schauten dann stundenlang auf die Straße hinunter, wo immer was los war.

***links:** U-Bahnhof Kottbusser Tor, 2013* ***rechts:** U-Bahnhof Kottbusser Tor, 1950*

16

NEUKÖLLNER SCHIFFFAHRTSKANAL

»Bosetzky, wer war Ziegra?« – »Hugo Ziegra, Generaldirektor der Neuköllner Kindl-Brauerei und Stadtrat, geboren am 25. März 1852 in Stettin, gestorben am 28. Dezember 1926 in Berlin.« – »Na bitte, geht doch. Setzen, Eins!« (Diese Szene ist frei erfunden, Ähnlichkeiten mit wirklichen Begebenheiten sind rein zufällig.) Einerseits dürfte Herr Ziegra sich freuen, dass Neukölln eine Straße nach ihm benannt hat, andererseits aber auch ärgern, denn diese Straße ist eigentlich gar keine und dazu noch mehr als popelig. Sie ist geschätzte 750 Meter kurz, beginnt am Kiehlufer und endet an der Sonnenallee, wobei sie sich schnurgerade am Neuköllner Schifffahrtskanal entlangzieht. An ihrem Anfang findet sich ein Schrottplatz, an ihrem Ende – seit 1994/95 jedenfalls – das noble Estrel-Hotel. »Echt krass!« hätte damals kein Neuköllner Junge ausgerufen, und für »geil!« hätten wir zwei Ohrfeigen auf einmal bekommen, stand doch dieses Adjektiv einzig und allein für die ungebremste sexuelle Begierde.

Warum mir die Ziegrastraße so wichtig ist? Sie steht bei mir für die Spaziergänge mit meinen Eltern. Fast jeden Sonntag sind wir in Richtung Dammweg und Sackführerdamm gelaufen. Noch so ein Neuköllner Ritual. In der Pubertät war mir der Name dieser Straße immer etwas peinlich, denn wir verbanden ihn mit ganz bestimmten Vorstellungen. Irgendwann im letzten Jahrhundert ist der Damm der Sackführer dann aus dem Stadtplan verschwunden, und heute geht man die Aronsstraße entlang.

Auf unserer Seite des Kanals kamen wir zuerst an der Fertigungsstätte der National-Registrier-Kassen (NCR) mit ihrer Fassade aus weißen Kacheln vorbei, dann am Fernheizwerk. Aus den Gullis stank es bestialisch, was am nahen Gaswerk lag. Auf der Teupitzer Brücke wechselten wir dann auf die andere Kanalseite hinüber.

oben links: *Schrottplatz, Ziegrastraße* ***oben rechts:*** *Teupitzer Brücke mit Blick auf das Fernheizwerk Neukölln (FHW), Weigandufer* ***Mitte:*** *Ehemals National Cash Register (NCR), Weigandufer* ***unten:*** *S-Bahn- und Eisenbahnbrücke über den Neuköllner Schifffahrtskanal*

Neuköllner Schifffahrtskanal, Blick auf das NCR-Gebäude, Weigandufer

Bevor wie zur Ecke Kiehlufer, Ziegra- und Dieselstraße kamen, blieben wir immer eine Weile stehen, um auf einen S-Bahnzug zu warten, der hier zwischen den Bahnhöfen Treptower Park und Sonnenallee auf einer einfach konstruierten Brücke den Neuköllner Schifffahrtskanal überqueren musste. Als nach dem Mauerbau am 13. August 1961 dieser Streckenabschnitt stillgelegt war und keine Ringbahnzüge mehr zu erblicken waren, schauten wir ein jedes Mal traurig drein.

Mein Vater erzählte immer viel von früheren Zeiten, und da er bis zur Einschulung bei seiner Tante Emma, der Schwester seiner Mutter, auf einem Oderkahn groß geworden war, hielt er immer Ausschau nach Motor- und Lastkähnen. Leider kamen nur selten welche vorbei. Höchstens einmal einer aus dem Alten Land, der von Bord aus Äpfel verkaufte.

Zur Linken dehnten sich bis nach Ostberlin hin mehrere Laubenkolonien und der Güterbahnhof Treptow. An dessen Verladegleisen hatte der Zug gewartet, mit dem wir, das heißt, meine Mutter und ich, Anfang 1944 evakuiert

Neuköllner Schifffahrtskanal, Blick auf die Treptower Brücke

werden sollten. Das Ziel hieß Zieko bei Coswig in Sachsen-Anhalt. Mein Vater hatte uns hingebracht, ich thronte auf einem Kohlenkarren aus der Manteuffelstraße, umgeben von Koffern und allem möglichen anderen Gepäck.

Vor zwei Jahren bin ich auf einem Sightseeing-Schiff den ganzen Kanal entlang gefahren und habe diese meine Welt vom Wasser aus erlebt, sehr elegisch gestimmt, denn meine Eltern liegen längst auf dem Friedhof, und ich habe immer wieder Theodor Fontane im Kopf:

Immer enger, leise, leise
Ziehen sich die Lebenskreise,
Schwindet hin, was prahlt und prunkt,
Schwindet hoffen, hassen, lieben,
Und ist nichts in Sicht geblieben
Als der letzte dunkle Punkt.

17

SCHMÖCKWITZ · KÖPENICK · GRÜNAU

Alt-Schmöckwitz. So steht es am Dorfanger des heute leider etwas ins Abseits geratenen Ortsteils im Südosten Berlins. Dass »Alt« stimmt auf alle Fälle, denn überall steht geschrieben, dass Schmöckwitz 1375 zum ersten Mal urkundlich erwähnt worden ist. Als Smekewitz, was slawisch ist und von dem einen mit »Drachenbach« und von dem anderen mit »Schlangenort« übersetzt wird.

oben: *Straßenschild, Dorfanger Alt-Schmöckwitz*
unten: *Langer See, Blick auf den Seddinsee und Große Krampe, Luftaufnahme, 1935*

Kann schon sein, denn zu Zeiten meiner Großeltern war der heutige Hafen, die Marina, noch eine naturbelassene Ausbuchtung des Langen Sees, an der ein gewisser »Sumpf-Schulze« siedelte. Der war das Pendant zum Schwiegervater meiner Großmutter, der den Namen »Turm-Schulze« trug. Warum das? Weil er den hölzernen Tower des aufgelassenen Flughafens Johannisthal gekauft und auf sein Häuschen an der Goulbierstraße, heute: Am Seeblick, gesetzt hatte.

Wer von heftiger Seensucht gepackt ist, für den ist Schmöckwitz das Richtige, denn hier treffen der Lange See, der eigentlich nichts weiter als die sehr in die Breite gegangene Dahme ist, die Große Krampe, der Seddinsee und der Zeuthener See aufeinander. Theodor Fontane ist hier bei seinen Wanderungen durch die Mark Brandenburg auf der »SPHINX« vorbei geschippert.

Meine Großeltern mütterlicherseits, der Elektroinstallateur Oskar Schatten und seine Frau Marie, gelernte Buchhalterin und eine geborene Quade, haben sich hier im Jahre 1924 an der Berliner Straße, heute Adlergestell, ein 840 Quadratmeter großes beziehungsweise kleines Grundstück gekauft, das einmal mein Paradies werden sollte. Aber Paradiese sind halt dazu da, dass man aus ihnen vertrieben wird …

Auf dem Foto sehen wir ganz hinten das Häuschen, das sich meine Vorfahren in den märkischen Sand gesetzt haben, erst als Sommerfrische, dann als Dauerwohnsitz. Was gemauert werden musste, wurde von einem Bau-

Adlergestell 741, Haus der Großeltern, Berlin-Schmöckwitz

unternehmer aus Eichwalde erledigt, für das Obergeschoss und den Dachstuhl sorgten mein Urgroßvater August Quade und Albert, ein Bruder meiner Oma, die (Kunst-)Tischler waren. Wie oft habe ich aus den beiden Fenstern, das eine erkennt man über dem abgestellten Wagen, frohen Herzens in den Morgen geblickt. Nachts hörte man das Röhren der S-Bahn auf ihrem Weg nach Königs Wusterhausen.

Ach ja, an etwa der Stelle, wo wir das Auto sehen, hat 1943/44 unser selbst gebauter Luftschutzbunker gestanden, und etwas weiter rechts hat sich meine Mutter schützend über mich geworfen, als nahebei eine Bombe niedergegangen ist.

Gegenüber, nach Eichwalde hin, lagen die Karnickelberge. Hügel wunderbar geeignet zum Buddeln, Schlitten- und Skifahren. Lagen … Ja, denn heute sind sie zum größten Teil abgetragen, damit der Konsum einen Parkplatz anlegen konnte. »Was für eine Barbarei!«, rufe ich da als BUND-Mitglied aus.

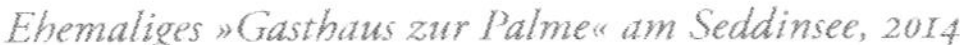

Ehemaliges »Gasthaus zur Palme« am Seddinsee, 2014

oben: *»Gasthaus zur Palme« am Seddinsee mit Anlegesteg, 1954*
unten: *»Gasthaus zur Palme«, Garten unter alten Kastanien, 1939*

Verschwunden ist aber auch das »Gasthaus zur Palme« links von der Schmöckwitzer Brücke. Wenn ich einmal den Jackpot im Lotto gewinne, kaufe ich das Grundstück und erwecke die »Palme« zu neuem Leben.

oben: *»Gasthaus zur Palme« am Seddinsee mit Anlegesteg, um 1960*

unten: *Seddinsee, Langer See (Dahme), Große Krampe, Kleine Krampe, 2014*

»S-Bf. Bln.-Köpenick« steht oben am Triebwagen, den wir nach Umfahren der Wendeschleife sehen. Der Fahrer, es kann aber auch eine Fahrerin gewesen sein, hat also schon »umgeschildert«. Mit dem Zielschild »Alt-Schmöckwitz« war man eine knappe Minute vorher angekommen. Hier am Dorfanger endet auch das Adlergestell, beginnend in Niederschöneweide und mit 11,9 Kilometern die längste Straße Berlins. Ein hübsches Bauensemble bildet ihren Abschluss, bestehend aus der Schmöckwitzer Grundschule, der Wache der Freiwilligen Feuerwehr und einem ehemaligen Straßenbahndepot, alles schön wilhelminisch und von Berlin aus auf der rechten Straßenseite liegend, und der Dorfkirche und einem alten Kiosk auf der anderen. Links knickt die Straße ab und läuft auf die Brücke zu. Auf der geht es dann weiter nach Wernsdorf, Rauchfangswerder und zum DCC Campingplatz am Krossinsee. Nicht zu vergessen die Badestelle hinter der Brücke und die ehemalige große Tagungsstätte des FDGB, heute Campus der *Teikyo University of Japan*, am Zeuthener See.

oben: *Straßenbahn Linie 86, Alt-Schmöckwitz Dorfanger, um 1980*
unten: *Straßenbahn Linie 68, Alt-Schmöckwitz Dorfanger, 2014*

links: *»Schmöckwitzer Krug«, ehemalige »Schmöckwitzer Bierquelle«, 1985*
rechts: *Restaurant »Villa Toscana«, ehemalige »Schmöckwitzer Bierquelle« und »Schmöckwitzer Krug«, Adlergestell, 2014*

In der Bildmitte, das heißt, am Straßenrand, erkennen wir die Endhaltestelle der »Uferbahn«. Läuft man ein paar Schritte zurück, erreicht man den Gemeindesaal der Evangelischen Kirchengemeinde, Alt-Schmöckwitz 1, Tagungsort des rührigen Ortsvereins Schmöckwitz, dessen Vorsitz Almuth Berger innehat. Selbstverständlich bin ich Mitglied dort, und manchmal lädt man mich auch zu Lesungen ein, kommt doch in meinen Romanen Schmöckwitz fast so oft vor wie Neukölln.

Einmal im Jahr, am ersten oder zweiten Sonnabend im September, findet das große »Inselfest« statt. Das ist eine Anspielung darauf, dass das Fischerdorf Schmöckwitz einmal auf einer Insel gelegen hat – bis man einen Damm aufgeschüttet hat. Festwiese ist der Schulhof, der am Ufer der Grimnitz endet, einer

links: *Ehemalige »Fleischerei Julius Porth«, Adlergestell* *rechts:* *Schmöckwitzer Insel-Schule, Adlergestell*

Ausbuchtung des Zeuthener Sees. Gleich hinter der Feuerwache finden wir die alte Gemeindeschule und den DDR-lichen Neubau. Gegenüber gab es einst die Fleischerei Julius Porth, Rind- und Schweineschlächterei mit einer großen Reklame am Giebel. Oben beim R war der Putz abgefallen, sodass Kind- und Schweineschlächterei zu lesen war. Das war immer etwas gruselig. Das heutige italienische Restaurant war früher der »Schmöckwitzer Krug«, wo meine Tante Gerda, Schwester meiner Mutter und wie ihre beiden Töchter mit ihren Männern heute auf unserem Grundstück ansässig, immer ihre Geburtstage feierte. Da kann ich nur wieder einmal Calderon zitieren:

Ein Traum ist alles Leben
Und die Träume selbst ein Traum.

Schmöckwitz ist ohne seine Straßenbahn nicht denkbar. Eröffnet worden ist sie als Schmöckwitz-Grünauer Uferbahn am 9. März 1912 mit drei Benzoltriebwagen. Einen davon sehe ich täglich vor mir – auf einem Gemälde des naiven Malers K.-H. Kulak.

Schmöckwitz-Grünauer Uferbahn, Linie 68, Haltestelle: Regattatribünen Grünau

oben: *Blick über die Dahme zu den Müggelbergen mit altem, hölzernen Müggelturm, Regattastrecke Grünau, 1938* ***unten:*** *Historisches Regattagelände Grünau, 2014*

Acht Kilometer lang war – und ist – die Strecke vom Bahnhof Grünau bis zum Schmöckwitzer Dorfanger. Bald wurde die Strecke elektrifiziert, und nachdem Schmöckwitz in Berlin eingemeindet worden war und es eine einheitliche Straßenbahngesellschaft gab, wurde aus der Uferbahn die Linie 86. Das ist meine absolute Lieblingslinie, und wo immer möglich, da lasse ich sie in meinen Büchern auftauchen. Auch als 68, wie sie sich seit 1993 nennt. Sie gilt als schönste Straßenbahnlinie Berlins, manche sagen auch Deutschlands, und besonders reizvoll sind die Kilometer, an denen sie wirklich am Ufer entlang fährt, am Ufer des Langen Sees beziehungsweise der Dahme, also zwischen den Haltestellen Regattatribünen und Richtershorn. Links am Fenster muss man sitzen, dann hat man einen herrlichen Blick auf das Wasser und die Müggelberge, die am anderen Ufer aufragen, laut Fontane ein Mittelgebirge en miniature.

oben: *Plakat (Detail), Litfaßsäule*
unten: *Historisches Regattagelände Grünau, Vereinshaus und große Tribüne*

oben: *Regattastrecke Grünau, Steganlagen 1950*

unten: *Regattastrecke Grünau, Steganlagen 2014*

ganz oben: *Steganlagen, Vereinshaus und große Tribüne, 1955*
oben: *Steganlagen, Vereinshaus und große Tribüne, 2014*

unten: *Blick auf das historische Regattagelände Grünau*
ganz unten: *Steganlagen mit Anzeigetafel*

oben: *Adlergestell, S-Bahnhof Berlin-Grünau, 1965*
Mitte: *Adlergestell, S-Bahnhof Berlin-Grünau, 2014*
unten: *Adlergestell /Kreuzung Richterstraße, S-Bahnhof Berlin-Grünau, um 1955*

Für mich hatte die 86 ihre größte Zeit in den Jahren nach Kriegsende, als eigentlich noch niemand ein Auto hatte und wir am Bahnhof Grünau in Dreierreihen standen und auf die alten Maximum-Triebwagen warteten. An den Wochenenden war es so krachend voll, dass die Schaffnerinnen und Schaffner sich nicht durch die Menge hindurchquetschen konnten und auf das Abkassieren verzichten mussten. Am frühen Sonntagabend, als alle nach Hause wollten, war es noch schlimmer. Wer, wie mein Freund Gerhard und seine Familie, von Karolinenhof zur S-Bahn nach Grünau wollte, der hatte keine Chance mehr mitzukommen und musste zurück zur Endhaltestelle in Schmöckwitz fahren. Die BVG-Ost, die BVB, setzte alles ein, was an museumsreifen Fahrzeugen in den Köpenicker Depots zu finden war. Herrlich für mich als Straßenbahnnarren.

Nach Kriegsende mussten wir, wollten wir meine Schmöckwitzer Oma besuchen, zu Fuß vom Bahnhof Grünau nach Schmöckwitz laufen. 6 Kilometer waren das – und immer die schnurgerade Chaussee entlang. Für den Siebenjährigen, der ich damals war, der berühmte Horrortrip. Und am frühen Abend dann das Ganze noch einmal in umgekehrter Richtung. Was waren wir froh und glücklich, als die 86 am 27. Oktober 1945 wieder fuhr! Das war ein Sonnabend, und ich sehe mich und meine Mutter noch heute in der Straßenbahn sitzen (mein Vater befand sich noch in sowjetischer Kriegsgefangenschaft).

Den alten Maximum-Triebwagen folgten die Reko-Züge aus DDR-Produktion. Erst waren sie beige, dann weiß-rot. Abgelöst wurden sie von den Tatra-Zügen.

***links:** S-Bahnhof Berlin-Grünau, Bahnsteig* ***rechts:** S-Bahnhof Berlin-Grünau, Bahnhofshalle*

links: Haltestelle: S-Bahnhof Grünau, Linie 86, um 1980 *rechts:* Dieselbe Haltestelle, Linie 68, 2014

Für meine Mutter wurden sie, als sie die 90 überschritten hatte, wegen ihrer enormen Ein- und Ausstiegshöhe zu einem echten Problem, und bei unseren Schmöckwitz-Besuchen hätte ich am liebsten den Lift aus ihrer Badewanne oder eine kleine Aluminiumleiter mitgeführt.

Im letzten Jahr endete die 68, weil die Strecke saniert und neue Entwässerungskanäle gebaut wurden, genau vor dem Grundstück meiner Großeltern. Dort gab es ein Wendedreieck. Ein Wahnsinn für jeden Straßenbahnnarren. Ach, hätte es das doch schon in meiner Kindheit und Jugend gegeben! Der BVG erschien die 68 vor einigen Jahren als zu unrentabel, und der Herr Direktor wollte sie zwischen dem Strandbad Grünau und Alt-Schmöckwitz stilllegen. Angeführt vom wackeren Peer Hauschild aus Karolinenhof haben wir für ihre Erhaltung gekämpft, unter anderem am 9. April 2011 mit einer Menschenkette an der Strecke und dem Tragen von T-Shirts mit der Aufschrift *»Die Uferbahn muss weiterfahr'n«*. Und das tut sie auch, denn wir haben gesiegt, wenngleich die BVG – um es in der Fußballersprache zu sagen – arg nachgetreten hat, indem sie die Weichen zum Straßenbahndepot ausbauen ließ. Dort war ab September 1973 der Denkmalpflege-Verein Nahverkehr Berlin (DVNB) zu Hause, und man konnte einmal im Monat zusehen, wie historische Fahrzeuge gewartet wurden. Aus und vorbei – und ich möchte allen, die das zu verantworten haben, am liebsten ... Zumal wenig später jemand das alte Depot 2008 angezündet und damit für einen echten Schmöckwitzer Schandfleck gesorgt hat.

oben: *Adlergestell, Wendedreieck der Linie 68, während der Sanierungsarbeiten, 2013*
Mitte: *Straßenbahndepot nach dem Brand, Alt-Schmöckwitz*
unten: *Wagenhalle, Straßenbahndepot nach dem Brand*

oben: *Historische Dorfkirche, Alt-Schmöckwitz, 1940*
unten: *Historische Dorfkirche, Alt-Schmöckwitz, 2014*

1799 ist die Schmöckwitzer Dorfkirche nach einem Entwurf des Spandauer Maurermeisters Abraham Bocksfeld errichtet worden. Warum gerade der, fragen wir uns heute, denn fast muss man Theodor Fontane recht geben, der dieses Kirchlein einen tristen Bau genannt hat. Immerhin hat er ihr im vierten Band seiner Wanderungen durch die Mark Brandenburg ein kleines Denkmal gesetzt (Spreeland, An Bord der »SPHINX«, von Köpenick bis Dolgenbrod). Es geht da um den Fischer vom Kahniswall, einem kleinen bewaldeten Sandhügel am westlichen Rand des Gosener Grabens. Der Gute hatte eine Kossätentochter aus Schmöckwitz geheiratet, die Hanne, *»die sehr blond und sehr hübsch war, viel hübscher als man nach ihrem Geburtsort hätte schließen sollen.«* Im Oktober 1806, als die Franzosen Preußen besiegt und besetzt hatten, entdeckt Kahnis im nahen Köpenick eine Schar sehr fescher Kürassiere der Division Nansouty und hört, dass sie in Bälde auf die umliegenden Dörfer verteilt werden sollen. Da packte ihn die Eifersucht. *»Er war gerade gescheit genug, um zu wissen, dass die Weiber, in ihrer ewigen Neugier, das Fremde*

Denkmal für die Gefallenen des 1. Weltkriegs, an der historischen Dorfkirche, Alt-Schmöckwitz
»Genius mit Fackel und Lorbeerkranz« von Georg Hengstenberg, 1924

und Aparte lieben, und so sehr er seiner Hanne unter gewöhnlichen Verhältnissen traute, so wenig glaubte er ihrer sicher zu sein, wenn es sich um einen Wettstreit mit den Nansoutyschen Kürassieren handelte, die alle sechs Fuß maßen und einen drei Fuß langen Rossschweif am Helme hatten.« Mit Hilfe von Freunden lud er sein gesamtes Hab und Gut auf einige Kähne und flüchtete mit seinem Weib und den Kindern auf eine Insel im Seddinsee, bei Fontane das Robins-Eiland, heute der Seddinwall. Dort blieben sie auch, als die Franzosen lange abgezogen waren. *»So gingen die Jahre. Die Kinder wuchsen heran, verließen Haus und Insel; endlich starb auch die Frau. Kahnis stellte den Sarg auf sein bestes Boot und fuhr quer über den See, um der Toten auf dem Schmöckwitzer Kirchhof ein christliches Begräbnis zu geben.«* Vielleicht stehen deswegen der Anger mit Kirchplatz und Dorfkirche heute unter Denkmalschutz. Das Denkmal an der Dorfkirche erinnert an die Gefallenen des Ersten Weltkriegs. Damit Geld für seine Restaurierung in die Kasse kommt, habe ich im letzten Jahr aus meinen Schmöckwitzer Geschichten gelesen. Als junger Mann und Student habe ich immer davon geträumt, in Schmöckwitz ein Haus am Wasser zu haben – eines mit Blick hinüber nach Krampenburg oder den Seddinsee hinunter nach Gosen. Na, vielleicht im nächsten Leben ...

Den Weg über diese rötlichen Kunststeinplatten, echt DDR, bin ich oft gegangen. Entweder zum Baden oder mein Faltboot hinter mir herziehend, um es hier an der Kaimauer einzusetzen. Vor der gab es eine weiß gestrichene Barriere, die in der Mitte einen schräg versetzten Durchlass aufwies, so wie wir ihn heute an den Straßenbahnstrecken nördlich des Alexanderplatzes und im Wedding finden. Einen Steg für anlegende Motorbootkapitäne gab es auch. Die machten hier fest, um sich an der Tankstelle an der Straße nach Eichwalde und Zeuthen ihre Benzinkanister zu füllen. Am anderen Ufer, da wo das weiße Segel aufleuchtet, mag für viele das Glück liegen, denn dort dehnt sich ein idyllischer Zeltplatz.

Für ältere Familienmitglieder war der Abstieg vom Kai ins Wasser immer etwas riskant, und so jubelten wir alle unserem Tante Trudchen zu, als sie eines Tages eine hölzerne Leiter aus Siemensstadt anschleppte. Schwamm man ein

links: Zugang zur Uferzone Langer See

oben: *Hausboote an der Großen Krampe, historischer Zeltplatz »Kuhle Wampe«, 2014*
unten: *Gaststätte »Krampenburg« mit Anlegesteg, um 1950*

wenig hinaus, gab es viel zu sehen und entdecken. Ausflugsschiffe der Weißen Flotte zogen vorüber, und es gab immer einen großen Wettbewerb, wer den Namen des Dampfers als Erster lesen – oder erraten – konnte. Fast immer war ich der Sieger. Nicht weil ich Adleraugen hatte, sondern als Paddler die Silhouetten der Schiffe gespeichert hatte. In Richtung Berlin fiel unser Blick auf die Hügel der Müggelberge mitsamt Turm und Observatorium (oder war es eine militärische Anlage des Warschauer Paktes?). Geradeaus konnte man in den Trichter der Großen Krampe schauen, wenn auch nicht bis Müggelheim hin. Am linken Rand lag ein legendäres Ausflugslokal, die Krampenburg, das man von Schmöckwitz aus mit einer Fähre erreichen konnte. Die gibt es heute noch, das Lokal selbst ist nur noch Erinnerung. In einer kleinen Bucht dahinter ankern Hausboote. Wendete man den Kopf nach rechts, sah man die erste der beiden kleinen Inseln, die wie eine Barriere zwischen Schmöckwitz und dem Seddinsee liegen, Werderchen. Ihr gegenüber befand sich eine der Kultstätten meiner Jugend: 44. Das war eine hoch aufragende Tafel auf der Landzunge, die am Übergang vom Seddinsee zum Langen See gelegen ist, und die Kilometer von der Quelle der Dahme bis hierher angab. Hierher fuhr ich vor meiner Zeit als Paddler immer mit meinen Freunden Jörg und Robert zum Baden – und zwar im Ruderkahn von Tante Else, einer Freundin meiner Oma, die ein sehr bewegtes Leben hinter sich hatte, der VVN angehörte, der Vereinigung der Verfolgten des Naziregimes, und viermal verlobt, aber nie verheiratet gewesen war.

***links:** Historisches Schild, ehemalige Gaststätte »Krampenburg«, 2014*
***rechts:** Ehemalige Gaststätte »Krampenburg«, 2014*

Straßenschilder Zum Seeblick/ Windwallstraße

Zum Paddeln. Das lag mir im Blut, denn meine Eltern hatten viele deutsche Flüsse befahren und es wurde geflüstert, ich sei sogar in ihrem Faltboot gezeugt worden. Hier am Ende der Straße Am Seeblick befand sich mein Heimathafen. Auf dem Grundstück meiner Großmutter wurde mein Faltboot auf einen klapprigen Bootswagen gehoben, hierher ans Ufer gezogen und unter viel Mühe zu Wasser gelassen. Das Ein- wie das Aussteigen vom hohen Kai aus war für mich stets mit der Gefahr des Kenterns verbunden, hatte ich »steifer Bock« doch Jahr für Jahr im Turnen eine Fünf nach Hause gebracht. Mein Boot trug die DDR-Registriernummer 4208, doch meine Großmutter wäre mit seiner Anmeldung fast gescheitert, denn es trug den Namen »REBELL«, was bei den »Organen« in Ostberlin sofort Unmut erregte. Erst der Nachweis, dass mein im Krieg gefallener Onkel Gerhard es als Protest gegen die Nazis so getauft hatte und der Hinweis auf ihre Mitgliedschaft in der SED konnte den linientreuen Registrierenden umstimmen.

Das ererbte Faltboot war ein Zweier, der von mir mit den Füßen gesteuert wurde. Paddelte ich mit einem weiblichen Wesen, saß ich immer hinter ihr (»ein schöner Rücken kann auch entzücken«), stach ich mit Freunden in See, bevorzugte ich den vorderen Sitz und den freien Blick aufs Wasser. Mein Sohn wurde auch vorne platziert. Da hatte ich ihn besser im Auge. Kleine Touren gingen nach Grünau zur Regattastrecke, nach Müggelheim am Ende der Großen Krampe oder zum Windwall, einer Insel im Seddinsee. Mehr Zeit und Kraft erforderten die »Kleine Umfahrt« (Langer See, Zeuthener See, Großer Zug, Krossinsee, Oder-Spree-Kanal, Seddinsee und Langer See,

oben: *Bahnhof Friedrichstraße, Blick vom Schiffbauerdamm über die Spree zum »Tränenpalast«, um 1950* ***unten:*** *Bahnhof Friedrichstraße, Blick vom Schiffbauerdamm über die Spree zum »Tränenpalast«, 2014*

Blick auf den Langen See und Müggelberge mit Turm, Grünau, um 1940

rund 16 Kilometer) und erst recht die »Große Umfahrt«, wo es einmal rund um die Müggelberge ging (Langer See, Köpenick, Müggelspree, Dämeritzsee, Gosener Graben, Seddinsee, Schmöckwitz, rund 32 Kilometer). Kamen wir von dieser Fahrt zurück, waren wir, angekommen im Heimathafen, dem Kollabieren nahe, und manch einer meiner Freude sank einmal betend auf die Knie, weil wir auf dem aufgewühlten Müggelsee fast umgekippt und ertrunken wären. Und zu DDR-und Passierscheinzeiten lag dann noch die ewige Warterei vor dem »Tränenpalast« am Bahnhof Friedrichstraße vor uns, bevor wir wieder nach West-Berlin ausreisen konnten.

18

ES GESCHAH IN NEUKÖLLN

Hier wurde Horst Bosetzky am 1. Februar 1938, also heute vor genau 75 Jahren, geboren. Hier ging er zunächst zur Volksschule, die später als Rütli-Schule bekannt wurde, und hier machte er sein Abitur am Albert-Schweitzer-Gymnasium. Es folgten die Lehre zum Industriekaufmann bei Siemens und ein Studium der Soziologie, Psychologie, BWL und VWL an der FU Berlin. Vor genau 40 Jahren wurde er schließlich Professor für Soziologie an der Berliner Fachschule für Verwaltung und Rechtspflege – und blieb es bis zum Jahr 2000. Eine beeindruckende Karriere für jemanden, der den Malus Neukölln in die Wiege gelegt bekommen hatte.

Doch diese eine reichte Horst Bosetzky nicht: In den 1970er Jahren begann er unter dem Pseudonym -ky Hörspiele, Drehbücher und Krimis zu schreiben. Etwa 20 Jahre später kamen biografische Romane sowie Spannungsromane dazu, und mit *Brennholz für Kartoffelschalen* begann der schriftstellernde Professor aus Neukölln, der nun Wilmersdorfer war, eine mehrbändige Familiensaga.

Um den Jubilar nicht über Gebühr bei seinen Geburtstagsvorbereitungen zu stören, haben wir ihm fünf eher geschlossene Fragen gestellt – hier sind sie samt Horst Bosetzkys sehr offener Antworten:

Nervt es eigentlich, als längst in einem anderen Bezirk Wohnender nach wie vor mit Neukölln in Verbindung gebracht oder als Ex-Rütli-Schüler tituliert zu werden?

BOSETZKY: Nein, es freut mich, ich prahle geradezu damit, aus Neukölln zu kommen. Meine Mutter, geboren 1910, war sogar noch echte Rixdorferin. Die Ossastraße war mein Paradies (und das von Manfred Matuschewski in *Brennholz für Kartoffelschalen*).

Glauben Sie, dass Ihr Leben anders verlaufen wäre, wenn es nicht im damaligen Arbeiterbezirk Neukölln begonnen hätte?

BOSETZKY: Ja. Wäre ich zum Beispiel in Zehlendorf aufgewachsen, hätte ich nie die Nähe zu den sogenannten »einfachen Menschen« haben können, zum »Volk«. Mir geht es da wie Heinrich Zille, der auch nur Zille geworden ist, weil er aus dem »Milljöh« selbst gekommen ist. Bei mir gilt das für beide Berufe/Berufungen: die Soziologie wie das Schreiben. Und als Sportler (1. FC Neukölln, TuS Neukölln und Neuköllner Sportfreunde) wollte ich auch im sozialen Bereich siegen: Vom Neuköllner Hinterhof und der Rütlischule zum Professor und zur »deutschen Krimilegende«.

Was verbindet Sie heute mit dem Bezirk?
BOSETZKY: Das Emotionale, die (verklärende) Erinnerung vor allem. Als Träger der goldenen Ehrennadel, also Ehrenbürger, werde ich oft eingeladen – und steige dann am Hermannplatz oder Rathaus Neukölln aus der U- und auf dem Bahnhof Neukölln aus der S-Bahn. Alle Jahre wieder lese oder diskutiere ich auch da, wo ich das Abitur gemacht habe, in der Albert-Schweitzer-Schule. Außerdem wohnen meine Schwiegereltern in der Gropiusstadt, und die besuchen wir dort mindestens einmal im Monat. Stehe ich im 17. Stock auf dem Balkon, liegt mir ganz Neukölln zu Füßen.

Mit welchen drei (maximal fünf) Wörtern würden Sie Neukölln beschreiben?
BOSETZKY: Neukölln ist unbeschreiblich spannend.

Was wünschen Sie Neukölln für die nächsten 75 Jahre?
BOSETZKY: Dass die Neuköllner mit dem berühmten Migrationshintergrund bald so waschechte Berliner werden wie die Hugenotten nach 1700, wirtschaftlich und kulturell ebenso bedeutend wie diese.

Dann ist Neukölln unschlagbar.

FACETTEN-Magazin-Redaktion, vom 1. Februar 2013

KARSTADT
KARSTADT
94,3 rs2
EWINNEN
SIE
ÄGLICH
EIN AUTO!
GARANTIERT
94,3 rs2

19

IMPRESSIONEN

aus Grünau
Groß Pankow (Prignitz)
Schmöckwitz
Neukölln

oben: *Ehemaliges*
»Gesellschaftshaus Grünau«,
Regattastraße, 2014
unten: *»Gesellschaftshaus Grünau«,*
historisches Ausflugsrestaurant
Eröffnung 1898,
Regattastraße, 1950

oben: *Ehemaliges »Riviera«, Regattastraße, 2005*
unten: *Blick vom Regattagelände auf das »Gesellschaftshaus Grünau« und »Riviera«, 2014*

oben: *»HO-Gaststätte Riviera« mit Anlegesteg, um 1950*
Mitte: *»Riviera«, palmengesäumter Biergarten, 1939*
unten: *Ehemaliges »Gesellschaftshaus Grünau« und »Riviera«, Blick vom »Wendenschloß«, 2014*

oben: *»Kaffee Liebig«, Regattastraße 158, Grünau, 2014*

unten: *»Conditorei und Café Paul Liebig«, Grünau, um 1905*

Clubhaus, Yachtclub »Wendenschloß e. V.«, Blick vom Regattagelände über den Langen See

Zielturm und Ziellinie Regattastrecke Grünau, mit Blick auf Wendenschloß, Langer See

Große Tribüne, Steganlagen und Zielturm, Regattagelände Grünau

links: *Bronzeskulptur »Der Ruderer« von Wilfried Fitzenreiter, Regattagelände Grünau, 2014*
rechts: *Bildhauer Wilfried Fitzenreiter in seinem Berliner Atelier, Schwedter Straße, um 1968*

oben: *Ehemaliges Bootshaus der Danatbank, von 1947–1956 Staatlicher Rundfunk der Sowjetischen Besatzungszone, dann Funkhaus Grünau, Regattastraße*
rechts: *Eingang Strandbad Grünau, Sportpromenade*

STRANDBAD
GRÜNAU

oben: *»Alte Schule« mit Dorfkirche, Groß Pankow (Prignitz), 1950*
unten: *Kindertagesstätte »Bärenhaus«, ehemalige »Alte Schule«, Groß Pankow (Prignitz), 2014*

oben: *Augen-Tagesklinik Groß Pankow (Prignitz), ehemaliges Gutshaus, 2014*
unten: *Ehemaliges Gutshaus Groß Pankow (Prignitz), 1957, nach 1945 Kinderheim und Krankenhaus*

oben: *»Teikyo Berlin Hotel & Jugendgästehaus am Zeuthener See«, ehemaliges FDGB-Erholungsheim »Bertolt Brecht«, 2014*
links: *Haupteingang, FDGB-Erholungsheim »Bertolt Brecht«, 1957*
rechts: *Rezeption, FDGB-Erholungsheim »Bertolt Brecht«, 1960*

oben: *Ehemaliges Straßenbahndepot Alt-Schmöckwitz, 2001 (Wagenhalle 2008 abgebrannt)*
unten: *Abgebranntes Straßenbahndepot, Alt-Schmöckwitz, 2014*

oben: Schloss Britz mit Britzer Kirchteich, Alt-Britz, 2014 ***unten:*** *Schloss Britz, 1959*

Blick von der Lohmühlenbrücke über den Neuköllner Schifffahrtskanal zum Kiehlufer mit »Kiehlsteg« (der Kiehlsteg wurde März 2014 abgerissen)

Blick vom »Kiehlsteg« zur Lohmühlenbrücke, links Maybachufer, rechts Lohmühlenplatz

Blick vom »Kiehlsteg« über den Neuköllner Schifffahrtskanal, links Kiehlufer, rechts Maybachufer

BIOGRAFIE

RENGHA RODEWILL

Rengha Rodewill, geboren in Hagen/Westf. Lebt in Berlin, arbeitet als Malerin und Fotografin.

Studium der Malerei bei dem Deutsch-Amerikaner Prof. Will D. Nagel. Studienaufenthalte in Italien und Spanien. 1978 Übersiedlung nach Berlin. Eröffnung des Ateliers in Berlin und 1998 in Potsdam-Babelsberg. Austausch mit dem Hagener Maler Prof. Emil Schumacher. Von 2000–2011 Austausch mit der großen deutschen Lyrikerin Eva Strittmatter. Künstlerische Präsentationen im In- und Ausland. Werke von Rengha Rodewill befinden sich in Privatbesitz und in Sammlungen.

Seit vielen Jahren ist die Kamera ihr Ausdrucksmittel. Rodewill denkt konzeptionell, in größeren Zusammenhängen und über das Kamerabild hinaus. Begleitende Texte sind von Beginn an Teil ihrer fotografischen Recherche. Rengha Rodewills Bildsprache ist ein Miteinander von Bild, Konzept und Botschaft. Das eigentliche Geheimnis ihrer Fotografie sind die leichtlebigen Momente, die Verbindungen des Sichtbaren zur schonungslosen Einvernahme. Ihr Stil ist es, sich auf keinen Stil festzulegen, sondern ihrer Kreativität Ausdruck zu geben. Ihre Aufnahmen sind nicht inszeniert, sondern der nie wiederkehrenden Situation entliehen.

Buchveröffentlichungen: *Zwischenspiel* mit Eva Strittmatter (Plöttner 2010), *Einblicke* – Die Bildhauerin Ingeborg Hunzinger. Mit Briefen von Rosa Luxemburg (Karin Kramer Berlin 2012), *Bautzen II* – Dokumentarische Erkundung in Fotos mit Zeitzeugenberichten und einem Vorwort von Gesine Schwan (Vergangenheitsverlag 2013). Letzte Veröffentlichung: *Hoheneck – Das DDR-Frauenzuchthaus* – Dokumentarische Erkundung in Fotos mit Zeitzeugenberichten und einem Vorwort von Katrin Göring-Eckardt (Vergangenheitsverlag 2014).

BIOGRAFIE

HORST BOSETZKY

-ky (Dr. Horst Bosetzky) – geboren am 1.2.1938 in Berlin. Em. Prof. für Soziologie. Mitbegründer des *Neuen deutschen Kriminalromans* und »Erfinder« des »Sozio-Krimis«.

Seit 1971 zahlreiche bzw. zahllose (z.T. verfilmte) Kriminalromane (u.a. *Einer von uns beiden, Stör die feinen Leute nicht, Kein Reihenhaus für Robin Hood, Wie ein Tier, Die Bestie vom Schlesischen Bahnhof).* Neun Bände umfassende Familiensaga um *Brennholz für Kartoffelschalen* (als TB alle bei dtv). 1980 Preis für den besten deutschsprachigen Kriminalroman, 1988 Prix Mystère de la critique für den besten ausländischen Kriminalroman in französischer Sprache, 1992 Ehren-Glauser des SYNDIKATS für das Gesamtwerk und die Verdienste um den deutschsprachigen Kriminalroman. 2005 Verdienstorden der Bundesrepublik Deutschland. 2014 ver.di-Literaturpreis für das Lebenswerk.

Letzte Veröffentlichungen: *Bratkartoffeln oder Die Wege des Herrn* (Jaron 2008), *Der Lustmörder* (Reihe *Es geschah in Berlin*, Bd. 6. 1920, Jaron 2008), *Nichts ist verjährt, Das Attentat* (Jaron 2008), *Der Teufel von Köpenick* (Jaron 2009), *Promijagd* (Gmeiner 2010), *Rumbalotte* (Jaron 2010), *Kempinski erobert Berlin* (Jaron 2010), *Bücherwahn* (Jaron 2010), *Der König vom Feuerland* (Jaron 2011), *Tod im Thiergarten* (Jaron 2011), *Unterm Fallbeil* (Jaron 2012), *Der schwarze Witwer* (Jaron 2012), *Der Fall des Dichters* (Gmeiner 2012), *Aufruhr am Alexanderplatz* (Jaron 2013), *Razzia* (Jaron 2013), *Berliner Leichenschau* (Jaron 2013, zus. mit G. Geserick), *Skandal um Zille* (Jaron 2013), *Fahnenflucht* (Gmeiner 2013). *Auge um Auge* (Jaron 2014).

1991–2001 Sprecher des SYNDIKATS, seit Mai 2000 Berliner VS-Vorsitzender.

Fotonachweise

Rengha Rodewill: S. 11 rechts; 12; 13 oben; 14; 16; 17; 19; 20; 21; 23; 24 oben und unten; 25; 27; 29; 31 links und rechts; 32 unten; 33; 34 rechts; 35 unten; 36; 39; 42; 44; 50; 51; 52; 54 unten; 56 rechts; 57; 58; 60 oben und unten; 61; 62; 64 rechts; 65 unten; 66 unten; 67; 70 unten; 71; 72 links; 74 links und rechts; 75 unten; 76 links und rechts; 78; 80; 81 links und rechts; 83 links und rechts; 85 unten links; 88 links und rechts; 89 unten; 90; 102; 104; 106; 111 unten; 112; 113; 114 unten; 115 rechts; 116; 117; 119; 120; 122; 123; 124; 126; 127; 129; 130; 131; 135 unten; 137 unten; 139 oben; 140 unten; 141 links; 143; 144; 145; 146 oben; 147; 148; 150 unten; 151 unten; 152 oben rechts, unten links und unten rechts; 153; 154 unten; 155; 156 unten; 157 Mitte, unten und ganz unten; 158 Mitte; 159; 160 rechts; 161; 162 unten; 163; 164; 166 oben; 167; 168; 169 unten; 174–175; 176 oben; 177; 178 unten; 179 oben; 180; 181; 182; 183 links; 184; 185; 186 unten; 187 oben; 188 oben; 189; 190 oben; 191; 192; 193

Herausgeber und Verlag danken folgenden Archiven, Institutionen und Privatpersonen für die Erlaubnis zur Reproduktion der angegebenen Fotos.

Museum Neukölln: S. 11 links; 13 unten; 32 oben; 65 oben; 69; 73; 75 oben; 77; 82; 85 oben; 86 links; 87
Albert-Schweitzer-Schule: S. 34 links; 35 oben; 38; 40 links und rechts; 41; 47; 48; 85 unten rechts; 86 rechts
Landesarchiv Berlin: S. 59 F Rep. 290_267446; S. 93 F Rep. 290_113285; S. 135 oben Otto Tober, F Rep. 290_0001034
Blumenhandel Weyer: S. 66 oben
Pan American: S. 134
Berliner Adressbuch: S. 138
Friedrichshainer Chronik: S. 139 unten Archiv Dr. Peter Franke
Kaffee Liebig: S. 179 unten
Teikyo Berlin: S. 188 links und rechts
Kunstgiesserei Flierl: S. 183 rechts
Agentur Wort + Kunst: S. 194
Privat: S. 24 Mitte; 30; 54 oben; 56 links; 64 links; 68; 70 oben; 72 rechts; 89 oben; 103; 105; 108; 109; 111 oben; 114 oben; 115 links; 118; 132; 133; 137 oben; 140 oben; 141 rechts; 146 unten; 149; 150 oben; 151 oben; 152 oben links; 154 oben; 156 oben; 157 oben; 158 oben und unten; 160 links; 162 oben; 166 unten; 169 oben; 170; 176 unten; 178 oben und Mitte; 186 oben; 187 unten; 190 unten; 195